Rezepte

Mit Fleisch

- Egerling-Spinat-Auflauf mit Schweinefilet·························· 14
- Spargelauflauf································ 16
- Klassische Ofenquiche················· 17
- Auflaufpizza···························· 18
- Sellerieauflauf mit Lachsschinken······· 20
- Linsengratin mit Gemüse und geräucherter Wurst···················· 21
- Rotkohlauflauf mit Schweinerücken-steak und Selleriepüreehaube ········· 22
- Gewürztes Kokosschweinefilet mit gebackenen Austernpilzen und Spargel 23

Mit Hackfleisch

- Auberginenmoussaka·················· 24
- Gebackenes Hackfleisch-Sahne-Gratin · 25
- Hackfleischlasagne mit »Eiernudel«platten ··················· 26
- Mangold-Tomaten-Gratin mit Speck und Camembert ····················· 28
- Überbackener Bratwurstauflauf ········ 30
- Hackfleisch-Sauerkraut-Auflauf········· 31
- Zucchiniauflauf······················· 32
- Kürbislasagne ······················· 33

Mit Geflügel

- Schmorhähnchenauflauf·············· 34
- Puten-Brokkoli-Gratin mit Mandeln····· 36
- Geschmorte Entenkeulen ············· 37
- Frühlingsgemüseauflauf mit Pute······· 38
- Putengyrosauflauf····················· 40

Mit Fisch & Krustentieren

- Kohlrabi-Brokkoli-Lachs-Auflauf ········ 41
- Pilz-Krabben-Thunfisch-Gratin·········· 42
- Thunfischgratin ····················· 43
- Forellenfiletauflauf mit Kichererbsen ··· 44
- Rote-Bete-Auflauf mit Matjesfilet ······· 46
- Seelachsauflauf mit Brokkoli··········· 48
- Rotbarschgratin auf Kidneybohnen ···· 49

Vegetarisch

- Zucchini-Süßkartoffel-Auflauf mit Mozzarella ····················· 50
- Spitzkohlauflauf ····················· 51
- Ofenpaprika mit Tofufüllung ··········· 52
- Kürbis-Zucchini-Auflauf mit Schafskäse · 54
- Mediterraner Gemüseauflauf··········· 55
- Antipastigratin ······················ 56
- Exotischer Blumenkohlauflauf ·········· 58
- Staudensellerie-Pilz-Auflauf mit Nüssen 60

Desserts

- Brombeergratin mit Nüssen ············ 62
- Rhabarber-Quark-Auflauf ············· 64
- Blaubeeren-Quark-Auflauf············· 66
- Zwetschgenauflauf····················· 67

Low-Carb-Aufläufe und -Gratins
Alles Gute – vereint in einer Auflaufform

Es ist kein Wunder, dass Aufläufe und Gratins Jung und Alt begeistern – egal ob mit Fisch und Fleisch, in der vegetarischen Variante oder süß. Sie sind schnell und einfach vor- und zuzubereiten und gelingen auch dann, wenn man vom Sternekoch noch ein paar Meter entfernt ist. Das Tolle daran: Sobald sich die Ofentür schließt, ist der größte Teil der Arbeit erledigt, und während das Gericht seiner Vollendung entgegenbrutzelt, bleibt Zeit, den Salat oder das Dessert zuzubereiten, den Tisch zu decken, die Küche aufzuräumen, sich mit seinen Gästen zu unterhalten oder einfach die Füße hochzulegen. Und währenddessen zieht so nach und nach ein verführerischer Duft durchs Haus …

Als Aufläufe und Gratins bezeichnet man süße oder salzige Gerichte, die in einer feuerfesten Form im Backofen gegart werden und meist eine leckere Haube oder Kruste haben. Aufläufe gab es schon im Mittelalter, auf Basis gefüllter Pasteten. Aus dem 18. Jahrhundert sind Aufläufe mit einer Grundmasse aus Reis bekannt, die – mit einer süßen oder herzhaften Masse gefüllt – in einem feuerfesten Behältnis zubereitet wurden. Der Begriff Auflauf kommt von »auflaufen«, was eigentlich eher auf ein Soufflé zutrifft, bei dem die locker-luftige Haube im Ofen aufgeht. In unserem Sprachgebrauch denken die meisten von uns bei Auflauf vermutlich an gehaltvolle und meist eher deftige Gerichte.

Wolfgang Link

Low-Carb-Aufläufe

40 kohlenhydratarme Rezepte aus
dem Ofen & Wissenswertes zu Auflaufformen

Inhalt

Low-Carb-Aufläufe und -Gratins: Alles Gute – vereint in einer Auflaufform 4

Low-Carb 5

Low-Carb → LOGI 6

Die LOGI-Pyramide 8

Ob allein oder zu zweit, mit Familie oder Gästen – Low-Carb-Aufläufe und -Gratins sind ein perfektes Essen, das sich sehr gut vorbereiten lässt 10

Allgemeine Tipps, damit Ihr Auflauf gut gelingt 11

Aufläufe sind ein fester Bestandteil in deutschen Küchen. Weitverbreitet sind Nudel- oder Kartoffelaufläufe oder süße Gerichte wie Scheiterhaufen oder Reisauflauf. Und auch das Moussaka griechischen Ursprungs oder die italienische Lasagne haben bei uns einen festen Platz. In der klassischen Variante enthalten diese Gerichte jedoch eine Fülle an Kohlenhydraten, die weder dem Gewicht noch dem Stoffwechsel gut tun. Die moderne Low-Carb-Küche beweist, dass schmackhafte Aufläufe und Gratins auch mit geringem Kohlenhydratanteil möglich sind und auf diese Weise neben einem geringen Zeitaufwand und vielfältigen Einsatzmöglichkeiten auch mit gesundheitlichen Vorteilen punkten.

Low-Carb

Low-Carb (engl. Abkürzung low = niedrig; carbohydrates = Kohlenhydrate) ist eine Ernährungsweise, bei der der Verzehr von Kohlenhydraten – allen voran Zucker und Stärke – bewusst eingeschränkt wird und durch Eiweiß und gute Fette ersetzt wird. Und das aus gutem Grund!

Stärke- und zuckerhaltige Lebensmittel lassen unseren Blutzucker und in der Folge auch den Insulinspiegel ansteigen. Das Hormon Insulin wird benötigt, um den Zucker aus dem Blut in die Zellen zu schleusen. Je mehr Kohlenhydrate wir essen und je höher und schneller unser Blutzuckerspiegel ansteigt, umso mehr Insulin wird von der Bauchspeicheldrüse

bereitgestellt, um den Blutzucker wieder auf das Ausgangsniveau zu senken. Fällt der Blutzuckerspiegel entsprechend rasch wieder ab, macht sich schnell Heißhunger bemerkbar. Wird dieser Hunger dann regelmäßig mit kohlenhydrat- und zudem meist auch energiereichen Speisen gestillt, sind Übergewicht und Stoffwechselstörungen und langfristig auch daraus resultierende Erkrankungen wie Diabetes Typ 2, Herz-Kreislauf-Erkrankungen, Fettleber oder Gicht fast schon vorprogrammiert. Neben seinen blutzuckersenkenden Eigenschaften wirkt Insulin auch wie ein Masthormon. Es fördert die Fetteinlagerung und hemmt die Fettverbrennung. Schlecht für Gewicht und Stoffwechsel. Mit einer Reduzierung der Kohlenhydrate können Sie diesem Kreislauf ganz schnell entkommen.

Low-Carb → LOGI

Verschiedene Low-Carb-Ansätze unterscheiden sich dadurch, wie stark die Kohlenhydratmenge reduziert wird, teilweise bis auf 20 Gramm pro Tag. Die LOGI-Methode ist eine moderate, wissenschaftlich fundierte Form der Low-Carb-Ernährung bei der – je nach körperlicher Aktivität – eine tägliche Kohlenhydratzufuhr von 80 bis 130 Gramm empfohlen wird. LOGI steht für »Low Glycemic and Insulinemic Diet« und lässt sich sinngemäß mit »Ernährungsmethode zur Förderung eines niedrigen Blutzucker- und Insulinwertes« übersetzen.

Mit LOGI werden hohe Blutzucker- und Insulinspitzen vermieden, die Fettverbrennung wird angekurbelt und die Fettspeicherung ausgebremst. Darüber hinaus steht LOGI für eine optimale Nährstoffversorgung, eine gute Sättigung und Genuss auf der ganzen Linie. Gleichzeitig lässt sich LOGI einfach umsetzen und – nicht zuletzt durch seine Flexibilität – dauerhaft in den Alltag integrieren. Die LOGI-Methode bietet also optimale Voraussetzungen für eine nachhaltige Gewichtsreduktion und -stabilisierung. Aber selbst wenn Sie nicht abnehmen, profitieren Sie von den positiven Effekten auf den Stoffwechsel.

Für wen ist die LOGI-Ernährungsmethode besonders empfehlenswert?

Für Übergewichtige und adipöse Menschen, die abnehmen wollen und – was oftmals eine noch größere Herausforderung darstellt – ihr Wunschgewicht anschließend halten wollen, für Menschen mit Insulinresistenz, metabolischem Syndrom, Typ-2-Diabetes, Fettstoffwechselstörungen, Bluthochdruck, Fettleber oder anderen ernährungsbedingten Erkrankungen und nicht zuletzt für alle Menschen, die sich gesundheitsbewusst ernähren und Stoffwechselstörungen und -entgleisungen vorbeugen möchten.

Die LOGI-Pyramide

Mit der LOGI-Pyramide finden Sie ganz schnell heraus, welche Lebensmittel Sie in welchen Mengen für Ihre kohlenhydratbewusste Speiseplangestaltung auswählen und kombinieren können.

Basis der LOGI-Ernährung (Stufe 1 der LOGI-Pyramide) bilden ballaststoffreiches Gemüse in Kombination mit hochwertigen Fetten wie etwa Oliven-, Raps- oder Leinöl sowie Butter. Außerdem sind dort zuckerarme Obstarten wie Beeren, fettreiche Avocados, Nüsse und Saaten zu finden. Daneben spielen die satt machenden Eiweißlieferanten wie Fleisch, Fisch, Eier, Hülsenfrüchte, Nüsse, Milchprodukte und Käse eine wichtige Rolle (Stufe 2 der LOGI-Pyramide). Aber auch kleine Mengen Brot oder Kartoffeln (Stufe 3 der LOGI-Pyramide) oder ab und zu ein kleines Stückchen Kuchen oder Schokolade (Stufe 4 der LOGI-Pyramide) sind im Rahmen der LOGI-Ernährung möglich.

INFO: Einige der Aufläufe aus diesem Ratgeber haben aufgrund der Kombination von Fleisch/Fisch mit auflauftypischen Komponenten wie Eiern, Milch, Schmand, Crème fraîche und/oder Käse einen vergleichsweise hohen Eiweißanteil. Für ein optimales Verhältnis der Lebensmittel von Stufe 1 zu denen von Stufe 2, wie in der LOGI-Pyramide bildlich dargestellt, sollten Sie die Auflaufportionen jeweils mit einem großen, frischen Salat ergänzen, der mit einem guten Öl angemacht ist. Selbstverständlich können Sie die Aufläufe und Gratins auch in sechs statt wie angegeben in vier Portionen aufteilen.

Ob allein oder zu zweit, mit Familie oder Gästen – Low-Carb-Aufläufe und -Gratins sind ein perfektes Essen, das sich sehr gut vorbereiten lässt

Wie das duftet! Aufläufe und Gratins sind etwas Wunderbares: Die Vor- und Zubereitung ist denkbar einfach, und die meiste Arbeit übernimmt eh der Ofen. Low-Carb-Aufläufe und -Gratins bieten eine Fülle an Variationsmöglichkeiten und lassen sich immer wieder abwandeln. Ob mit Gemüse, Fleisch oder Fisch oder auch mal in der süßen Variante – der Kreativität sind keine Grenzen gesetzt. Und es ist so herrlich einfach, einen wohlschmeckenden Auflauf auf den Tisch zu zaubern: Wenige Zutaten werden entweder roh oder vorgegart zusammen in eine Auflaufform geschichtet, eine Haube aus verschiedenen Zutaten (siehe Seite 11) sorgt für eine wohlschmeckende weiche oder krosse Kruste – und fertig ist die Mahlzeit. Wenn dann Familie oder Gäste eintrudeln, steht der Auflauf bereits im Ofen und Sie können gemütlich mit den anderen am Tisch sitzen und die angenehmen Seiten des Beisammenseins schon vor dem gemeinsamen Essen genießen.

Aufläufe lassen sich auch bestens – etwa am Abend vorher – vorbereiten, um dann bei Bedarf einfach nur noch in den Ofen geschoben zu werden und die hungrigen Mäuler schnell mit einer leckeren Mahlzeit zu versorgen.

Allgemeine Tipps, damit Ihr Auflauf gut gelingt

Goldbraun und kross – die perfekte Kruste

Für eine schöne Kruste des Auflaufs sorgt ein Mix aus Eiern, Käse, Milch oder Sahne, Schmand oder Crème fraîche, der zum Abschluss noch mit etwas geriebenem Hartkäse (z. B. Parmesan, Bergkäse oder Gouda) bestreut wird. Damit gelingt die Kruste immer. Wer mag, kann am Ende der Backzeit noch für einige Minuten den Grill dazuschalten. Das kann die Krustenbildung beschleunigen. Aber Achtung: Zu schnell ist auch nichts, denn dann haben Sie zwar eine schön gebräunte, knusprige Oberfläche, aber die Zutaten darunter sind möglicherweise noch gar nicht gar.

Welchen Käse nehmen?

Das hängt davon ab, welches Ergebnis Sie erzielen möchten. Weiche Käsesorten wie Mozzarella, Brie oder junger Gouda schmelzen schnell und verbinden sich mit den Zutaten. Sie werden zwar goldbraun, bleiben aber eher weich. Fein geriebene Hartkäse wie Parmesan, Gruyère (Greyerzer) oder Emmentaler sorgen dagegen für eine schöne, duftende Kruste und geben dem Auflauf außerdem eine würzige Note.

Wie lange muss der Auflauf in den Ofen?

Das hängt unter anderem von der gewählten Form ab. Aufläufe in flachen Formen werden schneller gar, in höheren Formen brauchen sie etwas länger. Kommen die Zutaten unmittelbar aus dem Kühlschrank, sollten Sie die übliche Garzeit um ein paar Minuten verlängern. Haben die verwendeten Lebensmittel Zimmertemperatur oder kommen lauwarm in die Form, weil sie bereits vorgegart wurden, dann geht es etwas schneller.

INFO: Bei Aufläufen und Gratins mit Eiern sollte die Eimasse durchgängig, also auch in der Mitte fest (gestockt) sein. Das lässt sich am besten mit einer Gabel prüfen.

Die optimale Bindung

Mit Sahne, Milch, Brühe oder passierten Tomaten bekommt der Auflauf die notwendige Flüssigkeit, in der Gemüse und Fleisch gar ziehen können und die zudem für unterschiedliche Geschmacksnoten sorgt. Aber Sie möchten ja auch eine gewisse Bindung erzielen, damit der Auflauf auf dem Teller nicht davonschwimmt. Das erreichen Sie beispielsweise mit Eiern, die Sie im Vorfeld mit der Flüssigkeit verquirlen und die die Masse nach und nach stocken lassen. Aufläufe und Gratins bleiben auf diese Weise saftig, sind aber nicht wässrig. Mit Johannisbrot- oder Guarkernmehl können Sie ebenfalls ganz ohne Kohlenhydrate eine gute Bindung erzielen. Hier reichen sehr kleine Mengen aus, die in die kalte Flüssigkeit eingerührt werden.

INFO: Auch aus Resten – z.B. Fleisch, Fisch und Gemüse vom Vortag – lassen sich leckere Aufläufe herstellen.

Die passende Form

Auflaufformen gibt es aus ganz unterschiedlichen Materialien und in verschiedenen Größen und Formen. Für welche Sie sich letztendlich entscheiden, hängt von Ihren individuellen Bedürfnissen ab. Entscheidend ist natürlich, dass die Form ofenfest ist.

Glas und Keramik

Moderne Glas- und Keramikformen sind ofen- und spülmaschinenfest, aber auch mikrowellengeeignet. So können Sie erkaltete Speisen ganz leicht wieder erhitzen, ohne dafür anderes Geschirr benutzen zu müssen. Bei Auflaufformen aus Glas können Sie den Garvorgang im Backofen gut beobachten, und auch wenn Sie Ihren Auflauf darin servieren, ist gut sichtbar, woraus er besteht. Zum Servieren in der Auflaufform eignen sich übrigens auch Keramikformen sehr gut.

Auflaufformen aus Email

Emailauflaufformen lassen sich schnell erwärmen, sorgen für eine optimale Hitzeverteilung und speichern die Temperatur gut. Sie werden aus natürlichen Rohstoffen hergestellt. Ihre porenfreie, glatte Oberfläche ist kratz- und schnittfest, leicht zu reinigen und zudem bakterien- und schmutzabweisend. Alle Zutaten behalten darin ihren natürlichen Eigengeschmack. Emailformen sind spülmaschinen-, säure- und laugenfest.

Auflaufformen aus Gusseisen

Die hervorstechendste Eigenschaft von Gusseisen ist die Wärmespeicherung. Einmal auf Temperatur gebracht (was allerdings ein wenig dauern kann) speichert Gusseisen die Wärme lange im Boden und gibt sie gleichmäßig an das Gargut ab, wodurch energiesparend gegart werden kann. Formen aus Gusseisen eignen sich sowohl zum vorherigen Anbraten der Zutaten als auch zum anschließenden Garen im Ofen.

Antihaftbeschichtete Formen

Die Vorteile antihaftbeschichteter Formen liegen auf der Hand. Durch die zweifach beschichteten Materialien lässt sich der Auflauf leicht aus der Form nehmen und diese ist auch einfach zu reinigen. Sie ist zudem beständig gegen Säuren und Bratensäfte. Die Hitzebeständigkeit reicht bis 230° – ideal für eine krosse Kruste bei Aufläufen und Gratins.

Back- und Auflaufformen: einige Materialien und Eigenschaften

Auflaufform-Art	Weißblech	Beschichtete Form	Emaillierte Form
Temperaturbeständigkeit	ca. 230°	ca. 180° bis max. 230°	ca. 400°
Antihaftwirkung	gering	gut bis hervorragend	sehr gut
Langlebigkeit	hoch	mittel bis hoch	sehr hoch
Perfluoroctansäure (PFOA)	nicht enthalten	nicht enthalten	nicht enthalten

Hinweis und Bezugsquellen

Im Rahmen dieses Ratgebers werden bei verschiedenen Rezepten beispielhaft die Back- und Auflaufformen der Firma Zenker empfohlen. Natürlich gelingen die Aufläufe auch mit anderen, handelsüblichen Formen.

Einen Überblick über alle Back- und Auflaufformen von Zenker finden Sie unter **www.zenker.de.**

Die zahlreichen Produkte von Zenker sind in den verschiedensten SB- und Verbrauchermärkten erhältlich.

Unter www.zenker-backformen.de/de/service/haendlersuche/ können Sie Geschäfte mit ihren Wunschprodukten ganz in ihrer Nähe finden.

Egerling-Spinat-Auflauf mit Schweinefilet

Für 4 Personen
Vorbereitungszeit: 15 Minuten
Garzeit: 45 Minuten

- 500 g Blattspinat (tiefgekühlt)
- 2 rote Zwiebeln
- 400 g frische Egerlinge
- 300 g Schweinefilet (küchenfertig)
- 50 g Tomatenmark
- 800 g geschälte Tomaten (Dose)
- 2 g Majoran (getrocknet)
- 120 g Linsen
- 100 g Schmand (20 % Fett)
- 2 EL Olivenöl
- Salz und Pfeffer nach Geschmack

1 Portion (ca. 585 g): 345 kcal, 39,8 g Eiweiß (39,8 E%),
12,9 g Fett (34,7 E%), 21,6 g Kohlenhydrate (25,5 E%)

01 Backofen auf 180° Umluft vorheizen.

02 Den Blattspinat auftauen lassen und möglichst viel von der Flüssigkeit abtropfen lassen, ggf. auspressen.

03 Zwiebeln schälen und fein würfeln. Egerlinge abbürsten und vierteln. Schweinefilet waschen, trocken tupfen und in ca. 1 cm dicke Scheiben schneiden.

04 Tomatenmark mit den geschälten Tomaten, Majoran und Linsen verrühren. Mit Salz und Pfeffer würzen.

05 Schichtweise Blattspinat, Zwiebeln, Egerlinge, Schweinefilet und die Tomaten-Linsen-Mischung in eine Auflaufform geben, mit Schmand bedecken und mit Olivenöl beträufeln.

06 Den Auflauf im Backofen (Mitte) ca. 45 Minuten backen.

TIPP: Anstelle von Schmand können Sie auch in Scheiben geschnittenen Schafskäse verwenden. Das verleiht dem Gericht eine besondere Note.

Durch den Auslaufschutz eignet sich diese Form bestens für etwas flüssigere Aufläufe oder Gratins.

(z.B. die Rechteck-Springform 7021 von Zenker)

Spargelauflauf

Für 4 Personen
Vorbereitungszeit: 15–20 Minuten
Garzeit: 30–35 Minuten

- 6 Eier (Größe L)
- 1 kg Spargel
- 200 g Gouda
- 4 EL mittelscharfer Senf
- 150 g Crème fraîche
- 100 ml Milch (1,5 % Fett)
- 200 g Kochschinken
- 2 Zweige frischer Thymian
- Salz und Pfeffer nach Geschmack

1 Portion (ca. 455 g): 550 kcal, 38,3 g Eiweiß (27,7 E%), 39,2 g Fett (64,4 E%), 10,9 g Kohlenhydrate (7,9 E%)

01 Backofen auf 160° Umluft vorheizen.

02 Eier in einem Topf mit Wasser 8–10 Minuten hart kochen. Anschließend schälen und in Scheiben schneiden.

03 Spargel schälen, die holzigen Enden entfernen. Den Spargel in ca. 4–5 cm lange Stücke schneiden und in eine Auflaufform legen.

04 Käse fein reiben und mit Senf, Crème fraîche und der Milch verrühren. Mit Salz und Pfeffer würzen.

05 Kochschinken in feine Würfel schneiden und in die Käsemasse einrühren.

06 Die Eischeiben auf dem Spargel verteilen, anschließend die Schinken-Käse-Masse gleichmäßig darüber verteilen.

07 Den Spargelauflauf im Backofen (Mitte) ca. 30–35 Minuten backen.

08 In der Zwischenzeit den Thymian zupfen und fein hacken.

09 Zum Servieren den Spargelauflauf mit Thymian bestreuen.

TIPP: Den Thymian können Sie auch durch Schnittlauch ersetzen.

Klassische Ofenquiche

Für 4 Personen
Vorbereitungszeit: 15 Minuten
Garzeit: 10 + 25 Minuten

Für den Quicheboden:
- 100 g Mandelmehl (teilentölt)
- 100 g Leinsamenmehl (teilentölt)
- 1 TL Guarkernmehl
- 1 EL Backpulver
- 1 Prise Salz
- 100 g Butter (Zimmertemperatur)
- 2 Eier (Größe M)
- 1 TL Rapsöl

Für die Quichefüllung:
- 2 Stangen Lauch
- 200 g Möhren
- 100 g Emmentaler
- 100 g gekochter Schinken
- 3 Zwiebeln
- 1 Knoblauchzehe
- 200 ml Milch (1,5 % Fett)
- 2 Eier (Größe L)
- Salz, Pfeffer und Muskat nach Geschmack

1 Portion (ca. 360 g): 630 kcal, 44,1 g Eiweiß (27,9 E%), 44,1 g Fett (63,4 E%), 13,7 g Kohlenhydrate (8,7 E%)

01 Backofen auf 200° Umluft vorheizen.

02 Mandelmehl, Leinsamenmehl, Guarkernmehl, Backpulver und Salz zusammen in einer Schüssel mischen. Butter und Eier hinzufügen und alles zu einem Teig verkneten.

03 Eine Auflaufform mit Öl auspinseln und den Teig mit den Fingern dünn hineindrücken (Achtung, Teig kann nicht ausgerollt werden!). Dabei den Teig am Rand ca. 3–4 cm hochziehen. Den Quicheboden im Backofen (Mitte) ca. 10 Minuten backen. Anschließend aus dem Ofen nehmen und beiseitestellen.

04 In der Zwischenzeit für die Füllung den Lauch putzen, längs halbieren, waschen und in feine Halbmonde schneiden. Möhren schälen und fein raspeln. Den Emmentaler fein reiben, den gekochten Schinken in feine Würfel schneiden. Zwiebeln und Knoblauch schälen und fein würfeln.

05 Temperatur des Backofens auf 180° reduzieren.

06 Milch, Eier, Möhren, Lauch, geriebenen Käse, gekochten Schinken, Zwiebeln und Knoblauch vermengen. Mit (wenig) Salz, Pfeffer und Muskat würzen. Die Masse auf den vorgebackenen Boden füllen und gleichmäßig verteilen. Die Quiche ca. 25 Minuten im Backofen (Mitte) backen. Zum Servieren die Quiche in Stücke teilen und auf Tellern anrichten.

TIPP: Anstelle des gekochten Schinkens können Sie auch geräucherten Lachs verwenden.

INFO: Dieses Gericht hat mit 175 kcal pro 100 g eine mittlere Energiedichte. Mit einem großen gemischten Salat gelangen Sie wieder in den Bereich der niedrigen Energiedichte.

Auflaufpizza

Für 4 Personen
Vorbereitungszeit: 15 Minuten
Garzeit: 30 Minuten

- 100 g Gouda
- 200 g körniger Frischkäse
- 100 g Magerquark
- 3 Eier (Größe L)
- 100 g Salami
- 100 g gekochter Schinken
- 1 rote Paprika
- 1 gelbe Paprika
- 1 Zwiebel
- 1 Bund Rucola
- 1 EL Olivenöl
- Pfeffer nach Geschmack

1 Portion (ca. 310 g): 420 kcal, 32,2 g Eiweiß (30,9 E%),
28,2 g Fett (59,9 E%), 9,6 g Kohlenhydrate (9,2 E%)

01   Backofen auf 180° Umluft vorheizen.

02   Käse fein reiben und mit dem Frischkäse, dem Quark und den Eiern vermengen.

03   Salami und Kochschinken in feine
Würfel schneiden. Paprika halbieren, entkernen, waschen und fein würfeln. Zwiebel
schälen und ebenfalls fein würfeln. Salami,
Kochschinken, Paprika und Zwiebeln mit
der Käsemasse vermischen. Mit Pfeffer
würzen.

04   Eine Auflaufform mit Backpapier
auslegen und die Masse darin gleichmäßig
verteilen.

05   Die Auflaufpizza im Backofen (Mitte)
30 Minuten goldbraun backen.

06   In der Zwischenzeit den Rucola verlesen und waschen.

07   Zum Servieren die Auflaufpizza mit
Rucola belegen und mit Olivenöl beträufeln.

TIPP: Wer es gerne ein wenig exklusi-
ver mag, kann die Auflaufpizza zum
Servieren zusätzlich mit frisch geho-
beltem Parmesan, Parmaschinken und
Sardellen belegen.

**Anstelle einer großen kann
man auch einzelne kleinere
Pizzen anfertigen.**

**(z.B. mit dem Snackback-
blech 7427 von Zenker)**

Sellerieauflauf mit Lachsschinken

Für 4 Personen
Vorbereitungszeit: 10–15 Minuten
Garzeit: 25–30 Minuten

- 1,2 kg Knollensellerie
- 10 g Butter
- 150 g Lachsschinkenscheiben
- Saft von 1 Zitrone
- 150 g Gruyère
- 200 ml Sahne
- 200 ml Milch (1,5 % Fett)
- ½ Bund frische Petersilie
- Salz, Pfeffer und Muskat nach Geschmack

1 Portion (ca. 365 g): 425 kcal, 23,6 g Eiweiß (22,5 E%), 32,4 g Fett (68,1 E%), 9,9 g Kohlenhydrate (9,4 E%)

01   Backofen auf 180° Umluft vorheizen.

02   Sellerie schälen und in 1 cm dicke Scheiben schneiden.

03   Eine Auflaufform mit Butter ausfetten und die Selleriescheiben darin auslegen, evtl. die Scheiben vorher halbieren. Den Lachsschinken auf dem Sellerie verteilen. Zitronensaft über den Schinken träufeln.

04   Käse fein reiben, mit der Sahne und der Milch verrühren. Mit Salz, Pfeffer und Muskat würzen und alles über den Auflauf geben.

05   Den Auflauf im Backofen (Mitte) ca. 25–30 Minuten backen.

06   In der Zwischenzeit die Petersilie waschen, trocken schütteln, von den Stielen befreien und fein hacken. Zum Servieren den Auflauf damit bestreuen.

TIPP: Für eine vegetarische Variante können Sie anstelle des Lachsschinkens dünn geschnittenen, geräucherten Tofu verwenden.

Eine tolle Bratform eignet sich nicht nur für Kuchen sondern auch für Aufläufe.

(z.B. Brat- und Grillform 7226 von Zenker)

Linsengratin mit Gemüse und geräucherter Wurst

Für 4 Personen
Vorbereitungszeit: 15 Minuten
Garzeit: 45 Minuten

- 150 g Belugalinsen
- 400 ml Rinderbrühe
- 400 g weiße Rüben
- 2 Stangen Lauch
- 2 Fenchelknollen
- 320 g grobe geräucherte Bratwurst
  (ca. 4 Stück)
- 80 g Gouda
- 2 Eier (Größe L)
- 80 ml Sahne
- 80 g Crème fraîche
- Salz und Pfeffer nach Geschmack

1 Portion (ca. 540 g): 635 kcal, 38,3 g Eiweiß (24,5 E%),
40,5 g Fett (58,6 E%),26,5 g Kohlenhydrate (16,9 E%)

01 Backofen auf 180° vorheizen.

02 Belugalinsen in eine Auflaufform geben und mit kochender Rinderbrühe übergießen.

03 Weiße Rüben schälen und in feine Scheiben schneiden. Lauch putzen, längs halbieren, waschen und in feine Halbmonde schneiden.

04 Fenchel putzen, waschen und ebenfalls in dünne Streifen schneiden. Bratwurst längs halbieren.

05 Auf die Linsen schichtweise Rüben, Lauch, Fenchel und Bratwurst geben.

06 Gouda fein reiben und mit Eiern, Sahne und Crème fraîche zu einer Masse verrühren. Mit Salz und Pfeffer würzen. Anschließend gleichmäßig über die Bratwürste verteilen.

07 Das Linsengratin im Backofen (Mitte) ca. 45 Minuten backen, und anschließend in der Auflaufform servieren.

TIPP: Anstelle der geräucherten Bratwurst passt auch eine feurige Chorizo.

Rotkohlauflauf mit Schweinerückensteak und Selleriepüreehaube

Für 4 Personen
Vorbereitungszeit: 20 Minuten
Garzeit: 30 Minuten

- 2 Sellerieknollen (ca. 600 g)
- 250 ml Milch (1,5 % Fett)
- 100 ml Sahne
- 500 Rotkraut (Dose oder Glas, Abtropfgewicht)
- 10 g Butter
- 300 g Schweinerückensteaks (ca. 2 Stück)
- 150 g Emmentaler
- Salz, Pfeffer und Muskat nach Geschmack

1 Portion (ca. 440 g): 410 kcal, 32,7 g Eiweiß (31,8 E%), 26,7 g Fett (58,9 E%), 9,6 g Kohlenhydrate (9,3 E%)

01 Backofen auf 180° Umluft vorheizen.

02 Sellerie schälen und in kleine Stücke schneiden. Milch und Sahne in einem Topf zum Kochen bringen und den Sellerie darin ca. 10 Minuten weich kochen. Anschließend mit einem Mixstab fein pürieren und mit Salz und Pfeffer würzen.

03 Rotkraut abtropfen lassen. Eine Auflaufform mit Butter ausstreichen, das Rotkraut hineingeben und gleichmäßig verteilen. Schweinerückensteaks waschen, trocken tupfen, in feine Streifen schneiden und auf das Rotkraut legen.

04 Das Selleriepüree darüber geben und gleichmäßig verstreichen.

05 Emmentaler fein reiben und über den Auflauf streuen. Den Auflauf im Backofen (Mitte) ca. 30 Minuten backen.

TIPP: Anstelle des Selleries können Sie auch Kürbis verwenden.

Gewürztes Kokosschweinefilet mit gebackenen Austernpilzen und Spargel

Für 4 Personen
Vorbereitungszeit: 20 Minuten
Garzeit: 25–30 Minuten

- ½ Bund frischer Rosmarin
- ½ Bund frischer Oregano
- ½ Bund frische Blattpetersilie
- 3 EL grob gemahlener Pfeffer
- 40 g Kokosflocken
- 4 EL Olivenöl
- 1 Zwiebel
- 600 g Schweinefilet
- 500 g Austernpilze
- 400 g Spargel (frisch)
- 150 g Camembert
- Salz und weißer Pfeffer nach Geschmack

1 Portion (ca. 435 g): 465 kcal, 48,6 g Eiweiß (42,2 E%), 28,4 g Fett (54,5 E%), 3,8 g Kohlenhydrate (3,3 E%)

01 Rosmarin, Oregano und Petersilie waschen, entstielen und grob hacken. Die Kräuter mit dem Pfeffer, den Kokosflocken und 2 EL Olivenöl mischen. Zwiebel schälen und fein würfeln.

02 Den Backofen auf 180° Umluft vorheizen.

03 Das Schweinefilet waschen, trocken tupfen, von Sehnen befreien und in kleine Medaillons schneiden. Anschließend das Fleisch rundherum salzen, mit der Kräuter-Kokos-Mischung panieren und diese gut andrücken.

04 Austernpilze putzen und in kleine Stücke teilen. Spargel schälen, die trockenen Enden abschneiden, die Spargelstangen in ca. 2–3 cm lange Stücke schneiden. Eine Auflaufform mit 2 EL Öl ausfetten und die Austernpilze zusammen mit dem Spargel und den Zwiebelwürfeln hineingeben. Mit Salz und Pfeffer würzen. Die Kräutermedaillons auf die Pilz-Spargel-Mischung geben. Den Camembert in dünne Scheiben schneiden und die Medaillons damit belegen.

05 Die gewürzten Kokosschweinefilets im Ofen (Mitte) ca. 25–30 Minuten backen. Das Gericht in der Auflaufform servieren.

Auberginenmoussaka

Für 4 Personen
Vorbereitungszeit: 30 Minuten
Garzeit: 40 Minuten

- **600 g Auberginen**
- **2 grüne Peperoni**
- **2 Zwiebeln**
- **2 Knoblauchzehen**
- **3 EL Rapsöl**
- **600 g Lammhackfleisch**
- **3 g Basilikum (getrocknet)**
- **3 g Thymian (getrocknet)**
- **1 g Oregano (getrocknet)**
- **8 Tomaten**
- **150 g Gouda**
- **250 g Joghurt (1,5 % Fett)**
- **½ Bund frische Petersilie**
- **Salz und Pfeffer nach Geschmack**

1 Portion (ca. 500 g): 460 kcal, 44,8 g Eiweiß (39,4 E%),
26,1 g Fett (51 E%), 10,8 g Kohlenhydrate (9,6 E%)

01   Auberginen entstielen, waschen in etwa 1 cm dicke Scheiben schneiden. Nach Belieben mit Salz bestreuen, etwa 30 Minuten ruhen lassen und anschließend mit einem Küchenpapier abtupfen. Backofen auf 180° Umluft vorheizen.

02   Peperoni halbieren, entkernen, vom Strunk befreien, waschen und in etwa 1 cm dicke Streifen schneiden. Zwiebeln und Knoblauch schälen und beides fein würfeln.

03   In einer heißen Pfanne mit 2 EL Öl das Lammhackfleisch zusammen mit dem Knoblauch, den Zwiebeln und den Peperoni ca. 5–6 Minuten anbraten. Mit Salz, Pfeffer, Basilikum, Thymian, Oregano würzen.

04   Tomaten waschen, Strunk entfernen und in Scheiben schneiden.

05   Eine Auflaufform mit dem restlichen Öl ausstreichen und die Hälfte der Auberginscheiben einschichten. Anschließend die Hälfte der Tomatenscheiben auf den Auberginen und darauf die Hälfte des Lammhackfleisches verteilen. Den Vorgang noch einmal wiederholen.

06   Den Käse fein reiben und mit dem Joghurt verrühren. Die Mischung dann gleichmäßig auf dem Moussaka verteilen.

07   Das Moussaka im Backofen (Mitte) ca. 40 Minuten backen.

08   In der Zwischenzeit Petersilie waschen, trocken schütteln, von den Stielen befreien und fein hacken.

09   Zum Servieren das Moussaka mit reichlich frischer Petersilie bestreuen.

TIPP: Anstelle des Lammhackfleisches können Sie genauso gut Rinderhackfleisch verwenden.

Gebackenes Hackfleisch-Sahne-Gratin

Für 4 Personen
Vorbereitungszeit: 15–20 Minuten
Garzeit: 15–18 Minuten

- 2 Knoblauchzehen
- 1 EL Rapsöl
- 300 g Rinderhackfleisch
- 3 g Majoran (getrocknet)
- 200 g Kidneybohnen (Dose, Abtropfgewicht)
- 2 Salatgurken
- 1 Bund frische Blattpetersilie
- 200 g Frischkäse (30 % Fett i. Tr.)
- 250 ml Milch (1,5 % Fett)
- 50 ml Sahne
- 150 g Fetakäse
- Paprikapulver edelsüß, Salz und Pfeffer nach Geschmack

1 Portion (ca. 400 g): 500 kcal, 35,5 g Eiweiß (29,1 E%), 30,6 g Fett (56,8 E%), 17,2 g Kohlenhydrate (14,1 E%)

01 Knoblauch schälen und fein würfeln. Das Öl in einer Pfanne erhitzen und das Hackfleisch darin ca. 6–8 Minuten anbraten.

02 Den Knoblauch dazugeben und weitere 1–2 Minuten mitbraten. Mit Majoran, Paprika, Salz und Pfeffer würzen.

03 Backofen auf 160° Umluft vorheizen.

04 Kidneybohnen abgießen, ebenfalls in die Pfanne geben und weitere 1–2 Minuten mitbraten. Gurken schälen, längs halbieren, Kerngehäuse mit einem Löffel entfernen und die Gurke in 1 cm dicke Halbmonde schneiden. Anschließend mit in die Pfanne geben und weitere 2–3 Minuten mitbraten. Die Hackfleischmasse in einer feuerfesten Auflaufform verteilen.

05 Petersilie waschen, trocken schütteln, von den Stielen befreien und grob hacken.

06 Den Frischkäse mit der Milch, der Sahne und der Hälfte der Petersilie verrühren. Anschließend die Mischung gleichmäßig über das Hackfleisch verteilen.

07 Den Fetakäse in dünne Scheiben schneiden und die Hackfleischmasse damit belegen. Das Gratin im Ofen (Mitte) ca. 15–18 Minuten überbacken.

08 Zum Servieren das Gratin mit der restlichen Petersilie bestreuen.

Hackfleischlasagne mit »Eiernudel«platten

Für 6 Personen
Vorbereitungszeit: 35 Minuten
Garzeit: 25 Minuten

- 6 Eier (Größe L)
- 2 Zwiebeln
- 1 EL Rapsöl
- 400 g Hackfleisch (gemischt)
- 2 g Basilikum (getrocknet)
- 2 g Oregano (getrocknet)
- 400 g stückige Tomaten (Dose)
- 150 g Parmesan
- 100 ml Crème fraîche
- 300 ml Milch (1,5 % Fett)
- 1 EL Johannisbrotkernmehl
- 500 g Tomaten
- Salz, Pfeffer und Muskat nach Geschmack

1 Portion (ca. 385 g): 445 kcal, 32 g Eiweiß (30,6 E%), 28,3 g Fett (61,4 E%), 8,4 g Kohlenhydrate (8 E%)

01   Backofen auf 100° Umluft vorheizen.

02   Für die Lasagneplatten die Eier aufschlagen und verquirlen. Ein Backblech mit Backpapier auslegen und die Eiermasse möglichst gleichmäßig darauf verteilen. Das Backblech in den Ofen schieben und bei 80–100° ca. 6–8 Minuten stocken lassen. Zwischendurch die Eimasse auf dem Backblech immer wieder mal glatt streichen, damit eine gleichmäßige Platte entsteht. Die fertige Eiplatte aus dem Ofen nehmen und beiseitestellen. Nach dem Erkalten in 10 x 10 cm große Plattenstücke schneiden.

03   Anschließend die Backofentemperatur auf 160° Umluft erhöhen.

04   Für die Hackfleischfüllung die Zwiebeln schälen und fein würfeln. In einer heißen Pfanne mit Öl das Hackfleisch ca. 2–3 Minuten anbraten, Zwiebeln dazugeben und mit Salz, Pfeffer, Basilikum und Oregano würzen. Anschließend das Ganze mit den stückigen Tomaten ablöschen und ca. 6–8 Minuten einkochen lassen. Dann die Hackfleischmischung beiseitestellen.

05   Für die Bechamelsauce den Parmesan fein reiben und zusammen mit Crème fraîche, Milch und Johannisbrotkernmehl verquirlen. Mit Salz und Pfeffer würzen.

06   Tomaten waschen, vom Struck befreien und in dünne Scheiben schneiden.

07   In einer Auflaufform abwechselnd Eiplatten, Hackfleischsauce, Tomatenscheiben und Bechamelsauce schichten. Die letzte Schicht sollte Bechamelsauce sein.

08   Die Lasagne im Backofen (Mitte) ca. 25 Minuten backen. Anschließend servieren.

TIPP: Wem die Eiplatten in der Herstellung zu aufwendig sind, kann diese durch Auberginenscheiben ersetzen. Dazu die Auberginen wie beim Moussaka von Seite 24 beschrieben zunächst einsalzen und ruhen lassen, anschließend trocken tupfen und in einer heißen Pfanne mit Öl von beiden Seiten anbraten.

Mangold-Tomaten-Gratin mit Speck und Camembert

Für 4 Personen
Vorbereitungszeit: 25 Minuten
Garzeit: 20 Minuten

- 1,2 kg frischer Mangold
- 100 g Frühstückspeck
- 5 Zwiebeln (ca. 200 g)
- 1 EL Rapsöl
- 200 g Bratwurstbrät (grob)
- 2 EL Tomatenmark
- 400 stückige Tomaten (Dose)
- 1 g Koriander (getrocknet)
- 200 g Camembert
- ½ Bund Basilikum
- Salz, Pfeffer, Muskat nach Geschmack

1 Portion (ca. 520 g): 530 kcal, 27,8 g Eiweiß (21,2 E%), 43,8 g Fett (74 E%), 6,3 g Kohlenhydrate (4,8 E%)

01   Backofen auf 180° Umluft vorheizen.

02   Mangold verlesen, waschen, trocken schleudern und von den groben Stielen befreien. Anschließend in ca. 6–8 cm lange Stücke schneiden. In eine feuerfeste Auflaufform geben.

03   Speck in kleine Würfel schneiden. Zwiebeln schälen und fein würfeln.

04   In einer heißen Pfanne mit Rapsöl den Speck zusammen mit den Zwiebeln 2–3 Minuten anbraten. Bratwurstbrät zugeben und weitere 2–3 Minuten mitbraten.

05   Tomatenmark dazugeben und das Ganze mit den stückigen Tomaten ablöschen.

06   Unter regelmäßigem Rühren ca. 12–15 Minuten zu einer Sauce einkochen lassen. Mit Salz, Pfeffer und Muskat würzen.

07   In der Zwischenzeit den Camembert in Scheiben schneiden. Basilikum waschen, trocken schütteln und in grobe Stücke schneiden.

08   Die einkochte Sauce gleichmäßig über die Mangoldstücke verteilen. Camembertscheiben ebenfalls gleichmäßig verteilen und alles im Backofen (Mitte) ca. 18–20 Minuten gratinieren.

09   Zum Servieren das Gratin mit Basilikum bestreuen.

TIPP: Anstelle von Bratwurstbrät können Sie auch gemischtes Hackfleisch verwenden, dies muss nur stärker mit Salz und Pfeffer gewürzt werden.

Natürlich gelingt es auch in einer beschichteten Form

(z.B. Auflaufform 7203 von Zenker)

Überbackener Bratwurstauflauf

Für 4 Personen
Vorbereitungszeit: 10–15 Minuten
Garzeit: 15–20 Minuten

- 1 Stange Lauch (Porree)
- 250 g Kräuterseitlinge
- 250 g Möhren
- 2 grüne Paprika
- 3 Eier (Größe M)
- 400 g kleine Bratwürste (gemischt)
- 200 g Schmand (20 % Fett)
- 1 Bund Frühlingszwiebeln
- 125 g Mozzarella
- Salz und Pfeffer nach Geschmack

1 Portion (ca. 485 g): 600 kcal, 30,8 g Eiweiß (20,4 E%),
47,7 g Fett (71,5 E%), 12,3 g Kohlenhydrate (8,1 E%)

01 Backofen auf 180° Umluft vorheizen.

02 Lauch längs halbieren, putzen, waschen und in feine Streifen schneiden.

03 Kräuterseitlinge säubern und vierteln. Möhren schälen und in feine Stifte schneiden. Paprika halbieren, entkernen, waschen und fein würfeln.

04 Gemüse, Pilze und Eier vermengen. Mit Salz und Pfeffer würzen.

05 Die Mischung in eine Auflaufform geben. Die Bratwürste auf das Gemüse legen und leicht andrücken. Anschließend den Schmand gleichmäßig darüber verteilen.

06 Die Frühlingszwiebeln waschen, putzen und in feine Röllchen schneiden. Mozzarella in dünne Scheiben schneiden.

07 Den Auflauf mit den Frühlingszwiebelröllchen bestreuen und anschließend die Mozzarellascheiben darauf verteilen.

08 Im Backofen (Mitte) ca. 15–20 Minuten überbacken. Anschließend servieren.

TIPP: Sollten Sie keine frischen kleinen Bratwürste bekommen, können Sie auch vorgebrühte verwenden. Dadurch reduziert sich die Backzeit um etwa 5–7 Minuten.

Hackfleisch-Sauerkraut-Auflauf

Für 4 Personen
Vorbereitungszeit: 15 Minuten
Garzeit: 45–50 Minuten

- 2 Zwiebeln
- 400 g Sauerkraut (Dose, Abtropfgewicht)
- 3 Kohlrabi (ca. 450 g)
- 400 g Hackfleisch (gemischt)
- 150 g Emmentaler
- 100 g Crème fraîche
- 100 ml Milch (1,5 % Fett)
- 250 ml Gemüsebrühe
- 2 EL milde Sojasauce
- 1 TL Butter
- 1 Bund frischer Schnittlauch
- Salz, Pfeffer und Paprikapulver (edelsüß) nach Geschmack

1 Portion (ca. 455 g): 510 kcal, 35 g Eiweiß (30,2 E%), 32 g Fett (62,9 E%), 7,9 g Kohlenhydrate (6,9 E%)

01 Zwiebeln schälen und in feine Würfel schneiden. Sauerkraut abgießen. Kohlrabi schälen und in feine Scheiben schneiden.

02 Backofen auf 160° Umluft vorheizen.

03 Hackfleisch gut mit Sauerkraut und Zwiebeln vermengen. Mit Salz, Pfeffer und Paprika würzen.

04 Käse fein reiben und mit Crème fraîche, Milch, Gemüsebrühe und Sojasauce verrühren. Mit Salz und Pfeffer würzen.

05 Auflaufform mit Butter ausstreichen.

06 Die Hälfte der Kohlrabischeiben in der gebutterten Auflaufform schichten. Die Hackfleisch-Kraut-Mischung darüber geben und abschließend mit den restlichen Kohlrabischeiben belegen.

07 Dann die Käsemasse gleichmäßig über die Kohlrabischeiben verteilen.

08 Den Auflauf im Backofen (Mitte) ca. 45–50 Minuten backen.

09 Schnittlauch waschen, trocken schütteln und in feine Röllchen schneiden.

10 Zum Servieren den Auflauf aus dem Ofen nehmen, in gleichmäßige Portionen schneiden, auf Teller verteilen und zuletzt mit den Schnittlauchröllchen bestreuen.

TIPP: Anstelle des Sauerkrauts können Sie auch frisches Rotkraut verwenden, das Sie vorher in feine Streifen geschnitten haben.

Zucchiniauflauf

Für 4 Personen
Vorbereitungszeit: 15–20 Minuten
Garzeit: 25 Minuten

- 1 Zwiebel
- 2 Knoblauchzehen
- 1 EL Öl
- 400 g Rinderhackfleisch
- 400 g geschälte Tomaten (Dose)
- 2 g Thymian (getrocknet)
- 600 g Zucchini
- 50 g Parmesan
- 3 EL Crème fraîche
- 1 TL Butter
- ½ Bund frische Petersilie

1 Portion (ca.365 g): 350 kcal, 28,1 g Eiweiß (31,9 E%),
23,6 g Fett (60,7 E%), 6,4 g Kohlenhydrate (7,3 E%)

01 Backofen auf 200° Umluft vorheizen.

02 Zwiebel und Knoblauch schälen und fein würfeln.

03 In einer heißen Pfanne mit Öl die Zwiebeln und den Knoblauch ca. 1–2 Minuten anbraten. Das Hackfleisch dazugeben, ebenso die Tomaten samt Flüssigkeit. Mit Salz, Thymian und Pfeffer würzen. Das Ganze bei geringer Hitze ca. 15 Minuten köcheln lassen.

04 In der Zwischenzeit die Zucchini waschen, die Enden entfernen und die Zucchini anschließend in dünne Scheiben schneiden.

05 Parmesan fein reiben und dann mit Crème fraîche verrühren.

06 Eine Auflaufform mit Butter ausstreichen und einen Teil der Zucchinischeiben schuppenförmig darin auslegen. Etwas von der Tomaten-Hackfleisch-Sauce daraufgeben und erneut eine Lage Zucchinischeiben einfüllen. Diesen Vorgang so lange wiederholen, bis alle Zutaten aufgebraucht sind. Den Abschluss bildet eine Lage Zucchini.

07 Abschließend den Auflauf mit der Crememischung bestreichen und im Backofen (Mitte) ca. 25 Minuten goldbraun backen.

08 In der Zwischenzeit die Petersilie waschen, trocken schütteln, von den Stielen befreien und fein hacken. Den Auflauf damit bestreuen und in der Form servieren.

TIPP: In den Herbstmonaten können Sie anstelle von Zucchini auch Kürbis (z. B. Muskatkürbis) verwenden.

Kürbislasagne

Für 4 Personen
Vorbereitungszeit: 20 Minuten
Garzeit: 45 Minuten

- 1 kg Kürbis (z. B. Hokkaido)
- 3 Zwiebeln
- 2 Knoblauchzehen
- 2 Möhren
- ¼ Knollensellerie
- ½ Stange Lauch
- 1 EL Rapsöl
- 400 g Rinderhackfleisch
- 2 g Thymian (getrocknet)
- 2 g Oregano (getrocknet)
- 2 g Basilikum (getrocknet)
- 400 g stückige Tomaten (Dose)
- 100 ml Milch (1,5 % Fett)
- 200 ml Gemüsebrühe
- 2 EL Tomatenmark
- 2 EL Johannisbrotkernmehl
- 100 g Mozzarella
- 1 TL Butter
- 200 g gemischter Käse in Scheiben
  (z. B. Gouda, Bergkäse, Emmentaler)
- Salz, Pfeffer und Muskat nach
  Geschmack

1 Portion (ca. 640 g): 610 kcal, 45,2 g Eiweiß (29,9 E%),
38,8 g Fett (58,9 E%), 19,9 g Kohlenhydrate (13,2 E%)

01   Backofen auf 180° Umluft vorheizen.

02   Kürbis halbieren, entkernen und in feine Scheiben schneiden. Zwiebeln und Knoblauch schälen und fein würfeln. Möhren schälen und fein raspeln. Knollensellerie schälen und fein würfeln. Lauch längs halbieren, waschen und in feine Halbmonde schneiden.

03   In einer heißen Pfanne mit Öl das Hackfleisch zusammen mit den Zwiebeln und dem Knoblauch anbraten. Mit Salz, Pfeffer, Muskat, Thymian, Oregano und Basilikum würzen. Mit den stückigen Tomaten, Milch und Gemüsebrühe ablöschen. Anschließend das Tomatenmark und dann das Johannisbrotkernmehl einrühren.

04   Mozzarella in feine Scheiben schneiden.

05   Ein Auflaufform mit Butter ausstreichen und abwechselnd Kürbis, Hackfleischsauce und gemischten Käse schichten. Abschließend mit Mozzarella bedecken.

06   Die Kürbislasagne im Backofen (Mitte) ca. 45 Minuten backen.

07   Anschließend in der Form servieren.

Schmorhähnchenauflauf

Für 4 Personen
Vorbereitungszeit: 15 Minuten
Garzeit: 30 Minuten

- 600 g Hähnchenbrustfilet (küchenfertig)
- 5 Zwiebeln
- 4 Knoblauchzehen
- 1 Knollensellerie (ca. 400 g)
- 2 Zucchini (ca. 400 g)
- 3 g Thymian (getrocknet)
- 200 ml Rotwein (halbtrocken)
- 375 g stückige Tomaten (Dose)
- 3 EL Olivenöl
- Salz und Pfeffer nach Geschmack

1 Portion (ca. 510 g): 315 kcal, 39,8 g Eiweiß (51,6 E%), 9,3 g Fett (26,7 E%), 9,9 g Kohlenhydrate (12,9 E%), 4,1 g Alkohol (8,8 E%)

01 Backofen auf 160° Umluft vorheizen.

02 Hähnchenbrust waschen, trocken tupfen und in grobe Stücke schneiden.

03 Zwiebeln und Knoblauch schälen und vierteln. Den Knollensellerie schälen, vierteln und grob würfeln. Zucchini waschen, die Enden entfernen, dann der Länge nach vierteln und ebenfalls in kleine Stücke schneiden. Das Gemüse zusammen mit den Hähnchenstücken in eine Auflaufform geben. Mit Thymian, Salz und Pfeffer kräftig würzen. Anschließend mit Rotwein und den Tomaten angießen und mit Olivenöl beträufeln.

04 Den Auflauf im Backofen (Mitte) ca. 30 Minuten backen. Anschließend in der Auflaufform servieren.

TIPP: Essen Kinder mit, dann verwenden Sie statt Rotwein Johannisbeersaft.

Natürlich gelingt es auch in einer beschichteten Form

(z. B. fixe Ofenbackform 7280 von Zenker)

Puten-Brokkoli-Gratin mit Mandeln

Für 4 Personen
Vorbereitungszeit: 15–20 Minuten
Garzeit: 25–30 Minuten

- 1.000 g Brokkoli (2 Stück)
- 250 g Champignons
- 2 Zwiebeln
- 1 Knoblauchzehe
- 400 g Putenbrustfilet
- 5 g Butter
- 80 g Emmentaler
- 3 Eier (Größe L)
- 100 ml Schlagsahne
- 200 ml Milch (1,5 % Fett)
- 40 g Mandelblättchen
- Salz, Pfeffer aus der Mühle, Muskatnuss nach Geschmack

1 Portion (ca. 590 g): 495 kcal, 50,51 g Eiweiß (41,4 E%), 27,2 g Fett (49,3 E%), 11,4 g Kohlenhydrate (9,3 E%)

01 Brokkoli putzen und in kleine Röschen teilen. Anschließend in einem Topf mit Salzwasser 2–3 Minuten blanchieren.

02 Backofen auf 160° Umluft vorheizen.

03 Die Champignons mit einem Küchenkrepp abreiben (putzen) und in Scheiben schneiden. Zwiebeln und Knoblauch schälen, halbieren und in feine Halbmonde schneiden.

04 Putenbrustfilet waschen, trocken tupfen und in feine Streifen schneiden.

05 Eine Auflaufform dünn mit Butter ausstreichen.

06 Brokkoli, Champignons, Zwiebeln und Putenstreifen in die Auflaufform einschichten. Mit Salz, Pfeffer und Muskatnuss würzen.

07 Käse fein reiben und zusammen mit den Eiern, der Sahne und der Milch verquirlen. Mit Salz und Pfeffer würzen. Die Masse gleichmäßig in die Auflaufform einfüllen.

08 Mandelblättchen über die Käse-Ei-Masse streuen und leicht eindrücken. Das Gratin im Backofen (Mitte) ca. 25–30 Minuten backen.

TIPP: Anstelle der Champignons können Sie auch Austernpilze verwenden.

Geschmorte Entenkeulen

Für 4 Personen
Vorbereitungszeit: 15 Minuten
Garzeit: 50 Minuten

- 1 kg Entenkeulen (4 Stück, insgesamt ca. 500 g Fleischanteil)
- 10 Schalotten
- 4 Knoblauchzehen
- 1 Knollensellerie (ca. 400 g)
- 2 Zucchini (ca. 400 g)
- 200 ml Sauerkirschsaft
- 400 g geschälte Tomaten (Dose)
- 3 g Thymian (getrocknet)
- Salz, Pfeffer und Kümmel nach Geschmack

1 Portion (ca. 560 g): 405 kcal, 25,3 g Eiweiß (25,2 E%), 26,6 g Fett (60 E%), 14,9 g Kohlenhydrate (14,8 E%)

01   Backofen auf 160° Umluft vorheizen.

02   Entenkeulen waschen und trocken tupfen. Mit Salz, Pfeffer und Kümmel würzen.

03   Schalotten und Knoblauch schälen und vierteln. Den Knollensellerie schälen, vierteln und grob würfeln. Zucchini waschen, der Länge nach vierteln und ebenfalls in Stücke schneiden. Das Gemüse zusammen mit den Entenkeulen in eine Auflaufform einschichten.

04   Den Kirschsaft und die geschälten Tomaten über die Entenkeulen gießen. Thymian darüberstreuen.

05   Nun die Entenkeulen im Backofen (Mitte) ca. 50 Minuten schmoren. Anschließend in der Auflaufform servieren.

TIPP: Wenn keine Kinder mitessen, können Sie anstelle des Sauerkirschsaftes auch Rotwein verwenden.

Frühlingsgemüseauflauf mit Pute

Für 4 Personen
Vorbereitungszeit: 15 Minuten
Garzeit: 30 Minuten

- 500 g Möhren
- 300 g Zuckerschoten
- 1 Bund Frühlingszwiebeln
- 400 g Putenschnitzel
- 10 g Butter
- 50 g Gouda
- 100 ml Gemüsebrühe
- 100 ml Milch (1,5 % Fett)
- 2 Eier (Größe M)
- Salz, Pfeffer und Muskat nach Geschmack

1 Portion (ca. 390 g): 265 kcal, 19,2 g Eiweiß (29 E%), 12,1 g Fett (41,5 E%), 19,48 g Kohlenhydrate (29,5 E%)

01   Möhren schälen und fein stifteln. Zuckerschoten putzen und längs halbieren. Frühlingszwiebeln putzen, waschen und in grobe Röllchen schneiden.

02   Backofen auf 180° vorheizen.

03   Putenfleisch waschen, trocken tupfen und in dünne Streifen schneiden.

04   Eine Auflaufform mit Butter einfetten und das Gemüse einschichten. Das Putenfleisch abschließend darauf verteilen.

05   Gouda fein reiben und mit Gemüsebrühe, Milch, Eier, Salz, Pfeffer und Muskat verquirlen. Die Masse anschließend über den Auflauf geben.

06   Den Auflauf im Backofen (Mitte) ca. 30 Minuten backen und anschließend in der Form servieren.

TIPP: Wenn Ihnen der Auflauf zu flüssig ist, können Sie anstelle von Milch auch Frischkäse verwenden. Dadurch erhält der Auflauf mehr Bindung.

Putengyrosauflauf

Für 4 Personen
Vorbereitungszeit: 15–20 Minuten
Garzeit: 35 Minuten

- 500 g Putenschnitzel
- 1 TL Gyrosgewürz
- 1 EL Olivenöl
- 2 rote Paprika
- 3 rote Zwiebeln
- 2 Salatgurken
- 50 g Parmesan
- 125 g Mozzarella
- 150 g Schmand
- Salz, Pfeffer und Knoblauchpulver
  nach Geschmack

1 Portion (ca. 430 g): 335 kcal, 18,8 g Eiweiß (22,5 E%),
23,9 g Fett (64,8 E%), 10,6 g Kohlenhydrate (12,7 E%)

01 Backofen auf 180° Umluft vorheizen.

02 Putenschnitzel waschen, trocken tupfen und in feine Streifen schneiden. Mit Gyrosgewürz, Olivenöl und Knoblauchpulver marinieren.

03 Paprika halbieren, entkernen, waschen und in feine Streifen schneiden. Zwiebeln schälen, halbieren und in feine Streifen schneiden. Salatgurken schälen, längs halbieren, entkernen (mit einem Suppenlöffel ausschaben) und in 1 cm dicke Halbmonde schneiden.

04 Paprika, Zwiebeln und Salatgurken in eine Auflaufform geben und mischen. Mit Salz und Pfeffer würzen. Die Putenstreifen gleichmäßig darauf verteilen.

05 Den Parmesan fein hobeln. Mozzarella in dünne Scheiben schneiden.

06 Schmand, Parmesan und Mozzarella gleichmäßig auf dem Putenfleisch verteilen. Den Gyrosauflauf im Backofen (Mitte) ca. 35 Minuten backen.

07 Anschließend in der Form servieren.

TIPP: Der Auflauf schmeckt auch mit Hähnchenbrustfilet.

Kohlrabi-Brokkoli-Lachs-Auflauf

Für 4 Personen
Vorbereitungszeit: 15 Minuten
Garzeit: 35 Minuten

- 3 Kohlrabi (ca. 450 g)
- 1 Brokkoli (500 g)
- 1 Bund Frühlingszwiebeln
- 400 g Räucherlachs (Scheiben)
- 1 Knoblauchzehe
- 200 ml Sauerrahm
- 100 g Kräuterfrischkäse (30 % Fett i. Tr.)
- 250 ml Milch (1,5 % Fett)
- 1 TL Johannisbrotkernmehl
- 2 g Dill (getrocknet)
- 150 g Emmentaler
- Salz und Pfeffer nach Geschmack

1 Portion (ca. 485 g): 540 kcal, 44,1 g Eiweiß (32,5 E%),
34,7 g Fett (58,3 E%), 12,5 g Kohlenhydrate (9,2 E%)

01   Backofen auf 160° Umluft vorheizen.

02   Kohlrabi waschen, schälen und in dünne Scheiben schneiden. Anschließend gleichmäßig in einer Auflaufform verteilen. Den Brokkoli in kleine Röschen teilen, waschen und ebenfalls in die Form geben. Frühlingszwiebeln putzen, waschen, in feine Röllchen schneiden und zum anderen Gemüse in die Auflaufform geben.

03   Den Räucherlachs in Streifen schneiden und zum Gemüse geben. Anschließend alles in der Auflaufform leicht miteinander mischen.

04   Knoblauch schälen und fein würfeln.

05   Sauerrahm, Frischkäse, Milch und Johannisbrotkernmehl vermischen. Mit Salz, Pfeffer, Knoblauch und Dill kräftig würzen. Die gewürzte Sahnemasse gleichmäßig über den Inhalt der Auflaufform verteilen.

06   Den Käse fein reiben und ebenfalls über den Auflauf verteilen.

07   Den Auflauf im Backofen (Mitte) ca. 35 Minuten backen.

Pilz-Krabben-Thunfisch-Gratin

Für 4 Personen
Vorbereitungszeit: 15–20 Minuten
Garzeit: 10–12 Minuten

- 500 g Champignons
- 500 g Austernpilze
- 2 Zwiebeln
- 100 g Krabben (Abtropfgewicht)
- 150 g Thunfisch in eigenem Saft (Dose, Abtropfgewicht)
- 40 g Butter
- 2 g Rosmarin (getrocknet)
- 150 g Gouda
- 150 g körniger Hüttenkäse
- ½ Bund frischer Schnittlauch
- Salz und Pfeffer nach Geschmack

1 Portion (ca. 400 g): 370 kcal, 36,2 g Eiweiß (48,6 E%), 22,7 g Fett (47 E%), 4 g Kohlenhydrate (4,4 E%)

01 Backofen auf 170° Umluft vorheizen.

02 Pilze putzen (nicht waschen!) und vierteln. Zwiebeln schälen und fein würfeln.

03 Krabben und Thunfisch abtropfen lassen. Thunfisch klein schneiden.

04 In einer heißen Pfanne die Pilze 2–3 Minuten in der Butter anbraten. Zwiebelwürfel zugeben und mit Salz, Pfeffer und Rosmarin würzen.

05 Die Pilzmischung in eine Auflaufform geben. Krabben und Thunfisch auf den Pilzen in der Auflaufform verteilen.

06 Gouda fein reiben und zusammen mit dem Hüttenkäse gleichmäßig auf das Gratin verteilen. Das Gratin im Backofen (Mitte) ca. 10–12 Minuten goldbraun backen.

07 In der Zwischenzeit den Schnittlauch waschen, trocken schütteln und in feine Röllchen schneiden.

08 Zum Servieren das Gratin mit dem frischen Schnittlauch bestreuen.

TIPP: Wer das Gratin gerne vegetarisch mag, kann anstelle der Krabben und dem Thunfisch die gleiche Menge Tofu verwenden. Diesen in kleine Würfel schneiden.

Thunfischgratin

Für 4 Personen
Vorbereitungszeit: 15 Minuten
Garzeit: 25 Minuten

- 1 Zwiebel
- 1 Knoblauchzehe
- 3 Stangen Lauch
- 2 Chilischoten
- 300 g Thunfisch im eigenem Saft (Dose, Abtropfgewicht)
- 200 g Kidneybohnen (Dose, Abtropfgewicht)
- 300 g Quark (20 % Fett i. Tr.)
- 150 ml Gemüsebrühe
- 3 EL Rapsöl
- 350 g Kirschtomaten
- Salz, Pfeffer, Currypulver und Paprikapulver (edelsüß) nach Geschmack

1 Portion (ca. 435 g): 335 kcal, 34,3 g Eiweiß (52,5 E%), 13,1 g Fett (36,9 E%), 16,7 g Kohlenhydrate (20,6 E%)

01   Backofen auf 180° Umluft vorheizen.

02   Zwiebel und Knoblauch schälen und fein würfeln. Lauch putzen, längs halbieren, waschen und in feine Halbmonde schneiden. Chilischoten entkernen und fein würfeln.

03   Thunfisch und Kidneybohnen abgießen und mit Zwiebeln, Knoblauch, Lauch und Chili vermengen. Mit Salz, Pfeffer, Currypulver und Paprikapulver würzen. Anschließend die Mischung in eine Auflaufform geben.

04   Den Quark mit der Gemüsebrühe und dem Öl glatt rühren, über die Mischung in der Auflaufform geben.

05   Kirschtomaten waschen, halbieren und mit der Schnittfläche nach unten auf dem Gratin verteilen.

06   Das Gratin im Backofen (Mitte) ca. 25 Minuten backen.

TIPP: Sollte Ihnen das Gratin zu flüssig sein, lassen Sie es eine Weile ausdampfen.

Forellenfiletauflauf mit Kichererbsen

Für 4 Personen
Vorbereitungszeit: 10–15 Minuten
Garzeit: 25–30 Minuten

- 750 g weiße Steckrüben
- 150 g Mozzarella
- 400 g geräuchertes Forellenfilet
- 300 g Kichererbsen (Dose, Abtropfgewicht)
- 250 ml Milch (3,5 % Fett)
- 100 g Kräuterfrischkäse (30 % Fett i. Tr.)
- 100 g Gouda
- 4 frische glatte Petersilienzweige zum Garnieren
- Salz und Pfeffer nach Geschmack

1 Portion (ca. 475 g): 535 kcal, 46,3 g Eiweiß (34,8 E%), 25,8 g Fett (44,1 E%), 28 g Kohlenhydrate (21,1 E%)

01 Backofen auf 180° Umluft vorheizen.

02 Steckrüben schälen, fein hobeln und in eine Auflaufform schichten.

03 Mozzarella in dünne Scheiben schneiden und über die Steckrüben verteilen. Mit Salz und Pfeffer würzen.

04 Die Fischfilets häuten und auf die Mozzarellascheiben legen. Kichererbsen abgießen und über die Fischfilets geben.

05 Die Milch mit dem Frischkäse vermischen, mit Salz und Pfeffer würzen und über die Fischfilets gießen.

06 Käse fein raspeln und über den Auflauf streuen.

07 Den Auflauf im Backofen (Mitte) bei 180° 25–30 Minuten backen.

08 Petersilienzweige waschen, trocken schütteln, grob zupfen und vor dem Servieren den Auflauf damit garnieren.

TIPP: Anstelle der geräucherten Forellenfilets können Sie auch geräucherten Aal verwenden.

Eine Springform eignet sich hervorragend für Aufläufe und Gratins, um nach dem Backen die Form zu erhalten.

(z.B. Springformen 7000 oder 7001 von Zenker)

Rote-Bete-Auflauf mit Matjesfilet

Für 4 Personen
Vorbereitungszeit: 15 Minuten
Garzeit: 20 Minuten

- 600 g Rote Bete (vorgegart)
- 100 g Bergkäse
- 1 Apfel (z. B. Boskop)
- 2 Zwiebeln
- 1 Ei (Größe L)
- 100 g Schmand
- 200 g Magerquark
- 1 TL Kümmel
- 100 ml Gemüsebrühe
- 1 TL Meerrettich
- 4 Matjesfilet (ca. 400 g)
- Salz, Pfeffer und Muskat nach Geschmack

1 Portion (ca. 440 g): 530 kcal, 33,1 g Eiweiß (24,8 E%), 35,3 g Fett (60 E%), 20,2 g Kohlenhydrate (15,2 E%)

01   Backofen auf 180° Umluft vorheizen.

02   Rote Bete in Scheiben schneiden. Bergkäse fein reiben. Apfel schälen, Kerngehäuse entfernen und fein würfeln. Zwiebeln schälen, halbieren und in feine Streifen schneiden.

03   Das Ei mit Schmand, Magerquark, Kümmel, Gemüsebrühe und Meerrettich verrühren. Mit Salz, Pfeffer und Muskat würzen.

04   Die Rote Bete zusammen mit den Äpfeln und den Zwiebeln in eine Auflaufform geben, mit der Ei-Schmand-Mischung übergießen. Den Rote-Bete-Auflauf im Backofen (Mitte) ca. 20 Minuten backen.

05   Die Matjesfilets fein würfeln. Rote-Bete-Auflauf zusammen mit den Matjeswürfeln servieren.

TIPP: Für eine vegetarische Variante können Sie den Matjes durch eingelegte Senfgurken oder eingelegten Kürbis ersetzen.

Hier können Sie den Auflauf problemlos schon in der Form portionieren.

(z.B. Auflaufform Emaille 7203 von Zenker)

Seelachsauflauf mit Brokkoli

Für 4 Personen
Vorbereitungszeit: 10–15 Minuten
Garzeit: 35–40 Minuten

- 1 kg Brokkoli
- 500 g Seelachsfilet
- 10 g Butter
- 100 g Hartkäse (z. B. Pecorino)
- 4 Eier (Größe L)
- 350 ml Milch (1,5 % Fett)
- ½ Bund frischer Dill
- Salz, Pfeffer und Muskat nach Geschmack

1 Portion (ca. 500 g): 400 kcal, 46,8 g Eiweiß (47,5 E%), 18,6 g Fett (41,8 E%), 10,5 g Kohlenhydrate (10,7 E%)

01 Backofen auf 180° Umluft vorheizen.

02 Brokkoli in kleine Röschen teilen und waschen. Seelachsfilet waschen, trocken tupfen und in feine Streifen schneiden.

03 Eine Auflaufform mit Butter ausfetten und abwechselnd Brokkoliröschen und Seelachfiletstreifen einschichten.

04 Hartkäse fein reiben.

05 Eier mit Milch, Salz, Pfeffer, Muskat und dem geriebenen Käse verquirlen und in die Auflaufform geben.

06 Den Auflauf im Backofen (Mitte) ca. 35–40 Minuten backen.

07 In der Zwischenzeit den Dill waschen, trocken schütteln, fein hacken und zum Servieren über den Auflauf streuen.

TIPP: Das Gericht schmeckt auch gut mit Garnelen.

Indem Sie den Auflauf mit Deckel backen bleibt die Feuchtigkeit erhalten und der Fisch saftig.

(z. B. XXL-Bräter/Auflaufform 7200 von Zenker)

Rotbarschgratin auf Kidneybohnen

Für 4 Personen
Vorbereitungszeit: 15 Minuten
Garzeit: 35 Minuten

- 100 g Emmentaler
- 50 g Mandeln (gemahlen)
- 2 EL Olivenöl
- 100 g Schmand
- Saft von 1 Limette
- 3 Knoblauchzehen
- 200 g Kidneybohnen (Dose, Abtropfgewicht)
- 3 Chicorées (ca. 400 g)
- 1 TL Butter
- 400 g Rotbarschfilets (küchenfertig)
- 100 ml Kokosmilch
- ½ Bund frischer Kerbel
- ½ Bund frischer Dill
- Salz und Pfeffer nach Geschmack

1 Portion (ca. 340 g): 520 kcal, 38 g Eiweiß (29,5 E%), 34,2 g Fett (60,1 E%), 13,4 g Kohlenhydrate (10,4 E%)

01 Backofen auf 180° Umluft vorheizen.

02 Emmentaler fein reiben und zusammen mit Mandeln, Olivenöl und Schmand in einer Schüssel verrühren. Den Limettensaft zugeben. Knoblauch schälen, fein würfeln und ebenso unterrühren. Mit Salz und Pfeffer würzen.

03 Die Kidneybohnen abgießen. Chicorée vom Strunk befreien, die äußeren welken Blätter entfernen und den Rest in 2 cm dicke Streifen schneiden. Eine flache Auflaufform mit Butter ausstreichen, Kidneybohnen und Chicorée hineingeben. Die Fischfilets waschen, trocken tupfen und darauflegen. Anschließend mit der Käsemasse bestreichen.

04 Vor dem Backen das Gratin mit Kokosmilch angießen und im Backofen (Mitte) ca. 35 Minuten backen.

05 In der Zwischenzeit den Kerbel und den Dill waschen, trocken schütteln und fein hacken.

06 Das Gratin vor dem Servieren mit Kerbel und Dill bestreuen.

TIPP: Lieber Fleisch statt Fisch? Dann passt Schweinefilet perfekt!

Zucchini-Süßkartoffel-Auflauf mit Mozzarella

Für 4 Personen
Vorbereitungszeit: 15–20 Minuten
Garzeit: 15–20 Minuten

- 600 g Zucchini
- 300 g Süßkartoffeln
- 250 g Mozzarella
- 1 Knoblauchzehe
- 2 g Basilikum (getrocknet)
- 20 g Weizenkleie
- 300 g stückige Tomaten (Dose)
- 200 g Sauerrahm
- ½ Bund frischer Kerbel
- Muskat, Salz und Pfeffer nach Geschmack

1 Portion (ca. 400 g): 380 kcal, 17,3 g Eiweiß (18,5 E%), 23,3 g Fett (55,1 E%), 24,6 g Kohlenhydrate (26,4 E%)

01   Den Backofen auf 180° Umluft vorheizen.

02   Zucchini waschen, die Enden abschneiden und die Zucchini dann längs in ca. 1 cm dicke Scheiben schneiden. Süßkartoffeln schälen und in dünne Scheiben schneiden. Den Mozzarella ebenfalls in 1 cm dicke Scheiben schneiden.

03   Knoblauch schälen, fein würfeln und zusammen mit dem Basilikum, der Weizenkleie, einer Prise Salz und etwas Pfeffer in die stückigen Tomaten einrühren.

04   In eine Auflaufform jeweils abwechselnd eine Schicht Zucchini, eine Schicht Tomatenmasse, eine Schicht Süßkartoffeln und eine Schicht Mozzarella legen. Dabei jede Schicht mit Muskat, Salz und Pfeffer würzen und die abschließende Schicht mit Sauerrahm bestreichen.

05   Den Auflauf im Backofen (Mitte) ca. 15–20 Minuten knusprig backen.

06   In der Zwischenzeit den Kerbel waschen und die Blätter abzupfen.

07   Den Auflauf portionieren, mit Kerbel garnieren und servieren.

Spitzkohlauflauf

Für 4 Personen
Vorbereitungszeit: 20 Minuten
Garzeit: 20 Minuten

- 500 g Aubergine
- 600 g Spitzkohl
- 300 g Blauschimmelkäse (z. B. Bavaria blu)
- 200 g Tomaten (getrocknet, in Öl)
- 100 g schwarze Oliven (entsteint)
- 1 EL Olivenöl
- 200 g Schmand (20 % Fett)
- 200 ml Milch (1,5 % Fett)
- 1 Schale frische Kresse
- Kümmel (gemahlen), Salz und Pfeffer nach Geschmack

1 Portion (ca. 470 g): 540 kcal, 22,9 g Eiweiß (17 E%),
43 g Fett (72,4 E%), 14,35 g Kohlenhydrate (10,6 E%)

01   Aubergine waschen, nach Entfernen der Enden in ca. 1 cm dicke Scheiben schneiden. Spitzkohl halbieren, vom Strunk befreien, in feine Streifen hobeln und diese anschließend waschen.

02   Backofen auf 160° Umluft vorheizen.

03   Blauschimmelkäse ebenfalls in 1 cm dicke Scheiben zerteilen. Die Tomaten in einem Sieb abtropfen lassen und in feine Streifen schneiden. Oliven ebenfalls abtropfen lassen und vierteln.

04   Eine Auflaufform mit Olivenöl einfetten. Die Auberginenscheiben hineinlegen und mit Salz und Pfeffer würzen. Blauschimmelkäse, Tomatenstreifen und Oliven darauf verteilen. Abschließend mit den Spitzkohlstreifen bedecken.

05   Schmand und Milch mischen. Die Kresse mit einer Schere vom Nährboden abschneiden und zufügen. Mit Kümmel, Salz und Pfeffer würzen.

06   Die Schmandmasse auf das geschichtete Gemüse verteilen und im Ofen (Mitte) ca. 20 Minuten backen.

07   Den Auflauf in Stücke schneiden und in tiefen Tellern servieren.

TIPP: Um dem Auflauf eine fruchtige Note zu verleihen, können Sie anstelle der Oliven auch frische Pfirsiche verwenden.

Bestens geeignet um in der Form zu portionieren.

(z.B. Auflaufform 7291 von Zenker)

Ofenpaprika mit Tofufüllung

Für 4 Personen
Vorbereitungszeit: 15 Minuten
Garzeit: 25 Minuten

- 8 kleine Paprikaschoten (ca. 1 kg)
- 2 Zwiebeln
- 2 Knoblauchzehen
- 1 Bund Lauchzwiebeln
- 50 g grüne Oliven (entsteint, in Wasser)
- 250 g Tofu
- 100 g Tomatenmark
- 2 Eier (Größe M)
- 50 g Sesam
- 300 g Camembert
- Salz, Pfeffer, Cayennepfeffer nach Geschmack

1 Portion (ca. 445 g): 445 kcal, 30,3 g Eiweiß (27,4 E%), 31 g Fett (62,2 E%), 11,5 g Kohlenhydrate (10,4 E%)

01 Backofen auf 160° Umluft vorheizen.

02 Die Deckel der Paprikaschoten mit dem Strunk abschneiden, die Schoten entkernen und waschen. Zwiebeln und Knoblauch schälen und in feine Würfel schneiden. Lauchzwiebeln waschen, putzen und in Röllchen schneiden. Oliven abtropfen lassen und vierteln.

03 Tofu zerbröseln und mit Zwiebeln, Knoblauch, Lauchzwiebeln, Oliven, Tomatenmark, Eiern und Sesam zur einer Masse vermengen. Mit Salz, Pfeffer und Cayennepfeffer würzen.

04 Die Masse gleichmäßig in die Paprika füllen und andrücken. Die gefüllten Schoten in eine kleine Auflaufform geben.

05 Den Camembert in dünne Scheiben schneiden und auf die gefüllten Paprikaschoten legen.

06 Die Paprikaschoten im Backofen (Mitte) ca. 25 Minuten backen und in der Auflaufform servieren.

TIPP: Wenn Sie die Paprikafüllung bissfester haben möchten, aber kein Fleisch verwenden wollen, können Sie den Tofu durch Seitan ersetzen.

Diese Form eignet sich hervorragend um Aufläufe und Gratins stilvoll auf dem Tisch zu servieren.

(z.B. Auflauf und Grillformen in verschiedenen Farben, 7240 bis 7248, von Zenker)

Kürbis-Zucchini-Auflauf mit Schafskäse

Für 4 Personen
Vorbereitungszeit: 15–20 Minuten
Garzeit: 20–25 Minuten

- 800 g Kürbis (z. B. Hokkaido)
- 200 g Zucchini
- 250 g Schafskäse
- 2 Knoblauchzehen
- 3 g Majoran (getrocknet, ca. 2 EL)
- 500 g stückige Tomaten (Dose)
- 200 g Hartkäse (z. B. Greyerzer)
- 200 g Schmand (20 % Fett)
- ½ Bund frischer Basilikum
- Salz, Pfeffer und Muskat nach Geschmack

1 Portion (ca. 480 g): 540 kcal, 28,1 g Eiweiß (20,7 E%), 41,6 g Fett (69,7 E%), 13 g Kohlenhydrate (9,6 E%)

01   Kürbis schälen, entkernen und in ca. 2 cm große Würfel schneiden. Zucchini waschen, Enden entfernen und anschließend längs in ca. 1 cm dicke Scheiben zerkleinern. Den Schafskäse in dünne Scheiben schneiden.

02   Die Knoblauchzehen schälen, fein würfeln und zusammen mit dem Majoran, einer Prise Salz und etwas Pfeffer in die stückigen Tomaten einrühren. Den Käse fein reiben.

03   Backofen auf 180° Umluft vorheizen.

04   Kürbiswürfel, Zucchinischeiben, Tomatensugo und Mozzarella abwechselnd in einer Auflaufform schichten. Jede Schicht mit Salz, Pfeffer und Muskat würzen. Die letzte Schicht mit dem Schmand bestreichen und anschließend den geriebenen Hartkäse darüberstreuen.

05   Den Auflauf im Backofen (Mitte) 20–25 Minuten backen.

06   In der Zwischenzeit Basilikum waschen und die Blätter abzupfen.

07   Den Kürbis-Zucchini-Auflauf portionieren, auf Tellern anrichten und mit den Basilikumblättchen garnieren.

INFO: Weltweit gibt es etwa 1.000 Kürbissorten. Sie werden in Speisekürbisse, Zierkürbisse und Ölkürbisse unterteilt. Haben Sie schon mal einen Butternutkürbis probiert? Er schmeckt buttrig, hat weiches Fruchtfleisch und erinnert ein wenig an Avocado.

Mediterraner Gemüseauflauf

Für 4 Personen
Vorbereitungszeit: 20 Minuten
Garzeit: 40 Minuten

- 400 g Zucchini
- 4 gelbe Paprikaschoten
- 300 g Champignons
- 1 EL Butter
- 500 g stückige Tomaten
- 2 g Basilikum (getrocknet)
- 2 g Estragon (getrocknet)
- 100 g Parmesan
- 2 Bund frischer Rucola
- 150 g Gouda
- Salz und Pfeffer nach Geschmack

1 Portion (ca. 475 g): 350 kcal, 23,5 g Eiweiß (27,7 E%),
22,6 Fett (58,9 E%), 11,4 g Kohlenhydrate (13,4 E%)

01 Backofen auf 160° Umluft vorheizen.

02 Zucchini waschen, die Enden entfernen und dann die Zucchini in ca. 1 cm dicke Scheiben schneiden. Paprika halbieren, entkernen, waschen und in kleine Würfel schneiden. Champignons abbürsten und in dünne Scheiben schneiden.

03 Eine Auflaufform mit Butter ausfetten. Das Gemüse abwechselnd in die Auflaufform einschichten. Die stückigen Tomaten mit Salz, Pfeffer, Basilikum und Estragon würzen und über das Gemüse geben.

04 Parmesan fein reiben und auf die Tomaten geben. Rucola verlesen, kurz waschen und großflächig auf dem Auflauf verteilen. Gouda fein reiben und abschließend über den Auflauf geben.

05 Den Auflauf im Backofen (Mitte) ca. 40 Minuten goldbraun backen.

06 Anschließend in der Form servieren.

TIPP: Um den Auflauf geschmacklich noch ein wenig vielfältiger zu machen, können Sie die Hälfte der Zucchini durch Auberginen ersetzen.

Antipastigratin

Für 4 Personen
Vorbereitungszeit: 20 Minuten
Garzeit: 15–18 Minuten

- 2 gelbe Paprika
- 1 rote Chili
- 300 g Zucchini
- 200 g Möhren
- 300 g Champignons
- 2 Knoblauchzehen
- 150 g schwarze Oliven (ohne Stein)
- 200 g Kirschtomaten
- 2 g Basilikum (getrocknet)
- 2 g Oregano (getrocknet)
- 4 EL Olivenöl
- 1 EL Aceto Balsamico (dunkel)
- 250 g Mozzarella
- 100 g Parmesan
- 1 Bund frischer Basilikum
- Salz, Pfeffer und Chilipulver nach Geschmack

1 Portion (ca. 450 g): 490 kcal, 26,3 g Eiweiß (21,9 E%), 35,4 g Fett (65,3 E%), 15,4 g Kohlenhydrate (12,8 E%)

01 Paprika und Chili halbieren, entkernen, waschen und in grobe Stücke schneiden. Zucchini waschen, Enden abschneiden und die Zucchini in 1 cm dicke Scheiben schneiden. Möhren schälen und in feine Scheiben schneiden. Die Champignons abbürsten und vierteln. Knoblauch schälen und in feine Scheiben schneiden. Oliven abgießen. Die Kirschtomaten waschen.

02 Backofen auf 180° Umluft vorheizen.

03 Das ganze vorbereitete Gemüse in eine flache Auflaufform geben und mit Salz, Pfeffer, Chilipulver, Basilikum, Oregano, Olivenöl und Balsamicoessig darin marinieren.

04 Mozzarella in Scheiben schneiden und gleichmäßig über das Gemüse verteilen. Parmesan fein raspeln und über den Mozzarella streuen.

05 Das Gratin im Backofen (Mitte) ca. 15–18 Minuten gratinieren.

06 In der Zwischenzeit den Basilikum zupfen, waschen, trocken schütteln, in feine Streifen schneiden und vor dem Servieren das Gratin damit bestreuen.

TIPP: Anstelle der Basilikumstreifen können Sie mit dem Basilikum auch ein herrliches Pesto herstellen: Dazu 6 EL Öl mit 50 g Parmesan, 20 g Pinienkernen und den Basilikumblättern fein pürieren. Anschließend das Pesto über das Gratin geben.

Natürlich gelingt es auch in einer beschichteten Form

(z.B. Auflaufform 7201 von Zenker)

Exotischer Blumenkohlauflauf

Für 4 Personen
Vorbereitungszeit: 10–15 Minuten
Garzeit: 35–40 Minuten

- 5 g Butter
- 1 großer Blumenkohl (ca. 1,5 kg)
- 150 g Emmentaler
- 2 Zwiebeln
- 50 g Hartkäse
- 300 ml Kokosmilch
- 1 TL Johannisbrotkernmehl
- 30 g Leinsamen
- 30 g Kokosflocken
- 10 g Senfkörner
- Salz und Pfeffer nach Geschmack

1 Portion (ca. 400 g): 470 kcal, 23,8 g Eiweiß (20,1 E%), 37,5g Fett (72 E%), 9,4 g Kohlenhydrate (7,9 E%)

01   Backofen auf 180° vorheizen.

02   Eine Auflaufform mit Butter einfetten. Den Blumenkohl putzen, in kleine Röschen teilen und in die Auflaufform geben.

03   Emmentaler fein reiben. Zwiebeln schälen und fein würfeln. Hartkäse fein reiben.

04   Kokosmilch, Johannisbrotkernmehl, Emmentaler, Zwiebeln, Hartkäse, Leinsamen, Kokosflocken und Senfkörner zu einer Masse verrühren. Mit Salz und Pfeffer würzen.

05   Die Kokosmasse über die Blumenkohlröschen gießen. Den Auflauf im Backofen (Mitte) ca. 35–40 Minuten goldbraun backen und anschließend in der Auflaufform servieren.

TIPP: Statt des Blumenkohls können Sie auch Romanesco oder Brokkoli verwenden.

Wenn Sie den Rand der Form entfernen, können Sie den Auflauf gleich auf der Platte portionieren und servieren.

(z.B. Springform 7022 von Zenker)

Staudensellerie-Pilz-Auflauf mit Nüssen

**Für 4 Personen
Vorbereitungszeit: 15 Minuten
Garzeit: 25 Minuten**

- 800 g Staudensellerie
- 200 g Tofu
- 400 g Austernpilze
- 5 g Butter
- 120 g Parmesankäse
- 100 g gehackte Walnüsse
- 200 g körniger Frischkäse
- 100 ml Sahne
- 2 EL eingelegter grüner Pfeffer
- 2 Eier (Größe L)
- 1 Bund frische Petersilie
- Salz, Pfeffer, Kurkuma und Muskat
  nach Geschmack

1 Portion (ca. 460 g): 534 kcal, 32,4 g Eiweiß (24,5 E%),
41,2 g Fett (69,1 E%), 8,5 g Kohlenhydrate (6,4 E%)

01 Backofen auf 180° Umluft vorheizen.

02 Staudensellerie putzen, in 5 cm lange Stücke schneiden und waschen. Tofu in kleine Würfel schneiden. Austernpilze waschen und grob zerteilen.

03 Eine Auflaufform mit Butter ausstreichen und den Sellerie, die Austernpilze und den Tofu hineingeben.

04 Parmesan fein reiben und zusammen mit den Walnüssen, dem Frischkäse, der Sahne, den Pfefferkörnern und den Eiern zu einer cremigen Masse verrühren.

05 Die Masse über die Sellerie-Pilz-Tofu-Mischung geben und den Auflauf im Backofen (Mitte) 25 Minuten backen.

06 In der Zwischenzeit die Petersilie waschen, trocken schütteln und fein hacken.

07 Zum Servieren den Auflauf mit Petersilie bestreuen.

TIPP: Statt Walnüsse passen auch Cashewnüsse oder Erdnüsse.

Optimal auch für größere Mengen.

(z.B. Pizzablech 7509 von Zenker)

Brombeergratin mit Nüssen

Für 4 Personen
Vorbereitungszeit: 5–10 Minuten
Garzeit: 6–8 Minuten

- 800 g Brombeeren
- 4 Eier (Größe M)
- 150 g Mascarpone
- 40 g Walnüsse (gehackt)
- 20 g Mandelblättchen
- etwas frische Minze

1 Portion (ca. 310 g): 390 kcal, 13,41 g Eiweiß (13,5 E%), 32 g Fett (71,1 E%), 15,3 g Kohlenhydrate (15,4 E%)

01   Backofen auf 180° Umluft vorheizen.

02   Brombeeren putzen, waschen und in eine flache Auflaufform geben.

03   Die Eier trennen und das Eiweiß mit einem Handrührgerät zu Eischnee schlagen. Mascarpone und das Eigelb vermischen und den Eischnee darunter heben.

04   Anschließend die Beeren mit der Masse bedecken. Walnüsse und Mandelblättchen darüberstreuen.

05   Das Ganze im Backofen (Mitte) ca. 6–8 Minuten überbacken.

06   Minze waschen und die Blätter abzupfen.

07   Die überbackenen Brombeeren mit den Minzblättern bestreuen und servieren.

TIPP: Außerhalb der Brombeersaison (Juli bis Oktober) können Sie auch Tiefkühlbeeren verwenden.

So können Sie das Gratin in der Form erkalten lassen, abgedeckt mitnehmen und kalt genießen.

(z.B. Springform 7903 von Zenker)

Rhabarber-Quark-Auflauf

Für 4 Personen
Vorbereitungszeit: 10–15 Minuten
Garzeit: 40 Minuten

- 1 EL Butter
- 3 Eier (Größe L)
- 1 Vanilleschote
- 500 g Quark (20 % Fett i. Tr.)
- 2 EL Ahornsirup
- 3 EL Milch (1,5 % Fett)
- 1 Päckchen Vanillepuddingpulver
- 600 g Rhabarber

1 Portion (ca. 425 g): 290 kcal, 22,5 g Eiweiß (32,3 E%),
13,5 g Fett (42,9 E%), 17,2 g Kohlenhydrate (24,8 E%)

01 Backofen auf 180° Umluft vorheizen.

02 Eine Auflaufform mit Backpapier auslegen und den Rand mit Butter einfetten.

03 Die Eier trennen. Das Eiweiß steif schlagen und beiseitestellen. Die Vanilleschote der Länge nach aufschneiden und das Mark mit einem Messer herauskratzen. Quark, Ahornsirup, Eigelb, Mark der Vanilleschote, Milch und Puddingpulver vermischen und glatt rühren.

04 Eischnee vorsichtig unterheben. Dann die Quarkmasse in die Auflaufform geben und gleichmäßig verteilen.

05 Rhabarber schälen und in 1 cm lange Stücke schneiden. Rhabarberstücke über die Masse verteilen und leicht eindrücken.

06 Den Auflauf im Backofen (Mitte) bei ca. 40 Minuten backen und anschließend servieren.

TIPP: Anstelle des Rhabarbers können Sie auch frische Erdbeeren verwenden.

Überraschen Sie Ihren Liebsten oder Ihre Liebste doch mal mit einem Low-Carb-Auflauf in Herzform.

(z.B. Herzspringform 7410 von Zenker)

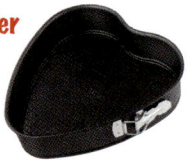

Blaubeeren-Quark-Auflauf

Für 4 Personen
Vorbereitungszeit: 15 Minuten
Garzeit: 45 Minuten

- 4 Eier (Größe L)
- 750 g Speisequark (20 % Fett i. Tr.)
- 40 g Sojamehl
- 1 Päckchen Backpulver
- 600 g Blaubeeren
- ½ Vanilleschote
- 5 g Butter

1 Portion (ca. 410 g): 385 kcal, 36,9 g Eiweiß (39,5 E%),
17,7 g Fett (41,9 E%), 17,3 g Kohlenhydrate (18,5 E%)

01   Backofen auf 160° Umluft vorheizen.

02   3 der 4 Eier trennen. Das Eiklar steif schlagen und beiseitestellen. Das Eigelb sowie das übrige ganze Ei mit Quark, Sojamehl und Backpulver vermischen.

03   Blaubeeren verlesen, waschen und gut abtropfen lassen. Anschließend zu der Quarkmischung geben und untermischen. Vanillemark aus der Vanilleschote ausstreichen und zur Quarkmasse geben.

04   Eine Auflaufform mit Butter ausstreichen und die Quarkmischung darin gleichmäßig verteilen. Abschließend den Eischnee auf die Quarkmasse streichen.

05   Den Blaubeer-Quark-Auflauf im Backofen (Mitte) ca. 45 Minuten backen.

TIPP: Anstelle der Blaubeeren können Sie auch Himbeeren oder Brombeeren verwenden.

Anstelle einer Auflaufform können Sie im Muffinblech auch einzelne Muffins machen.

(z. B. Muffinblech 7013 von Zenker)

Zwetschgenauflauf

Für 4 Personen
Vorbereitungszeit: 10–15 Minuten
Garzeit: 25–30 Minuten

- 250 g Pflaumen (ungezuckert, Glas)
- 10 g Butter
- 2 Eier + 1 Eiweiß (Größe L)
- 1 Prise Salz
- Saft von ½ Zitrone
- Mark von 1 Vanilleschote
- 80 g Mandeln (gehobelt)
- 150 g Speisequark (40 % Fett i. Tr.)
- 150 ml Milch (1,5 % Fett)
- 2 TL Johannisbrotkernmehl

1 Portion (ca. 210 g): 370 kcal, 16,7 g Eiweiß (17,9 E%),
28,2 g Fett (68,7 E%), 12,5 g Kohlenhydrate (13,4 E%)

01   Backofen auf 160° Umluft vorheizen.

02   Die Pflaumen in ein Sieb gießen, den Saft auffangen und anderweitig verwenden (siehe Tipp unten). Eine Auflaufform mit Butter ausstreichen und die Pflaumen gleichmäßig darin verteilen.

03   Das Eiweiß mit 1 Prise Salz und dem Zitronensaft steif schlagen.

04   Die Eier mit dem Vanillemark, den Mandeln und dem Speisequark in einer Schüssel verrühren.

05   Nach und nach die Milch und das Johannisbrotkernmehl zugeben und alles kräftig vermischen.

06   Den Eischnee vorsichtig unterheben und die Masse auf die Pflaumen verteilen.

07   Den Auflauf im Backofen (Mitte) ca. 25–30 Minuten backen. Anschließend in vier gleich große Stücke teilen, auf Tellern anrichten und warm servieren.

TIPP: Den aufgefangen Pflaumensaft können Sie mit 100 g Magerjoghurt und 100 ml Milch (1,5 % Fett) vermischen und als Shake genießen.

Glücklich und schlank.
Mit viel Eiweiß und dem richtigen Fett.
Das komplette LOGI-Basiswissen.
Mit umfangreichem Rezeptteil.
Dr. Nicolai Worm
978-3-942772-96-9   **19,99 €**

Das große LOGI-Kochbuch.
120 raffinierte Rezepte zur Ernährungs-
revolution von Dr. Nicolai Worm.
Mit exklusiven LOGI-Kompositionen
der Spitzenköche Alfons Schuhbeck,
Vincent Klink, Ralf Zacherl, Christian
Henze und Andreas Gerlach.
Franca Mangiameli
978-3-942772-79-2   **19,99 €**

Das neue große LOGI-Kochbuch.
120 neue Rezepte – auch für Desserts,
Backwaren und vegetarische Küche.
Jede Menge LOGI-Tricks und die klügsten
Alternativen zu Pizza, Pommes und Pasta.
Franca Mangiameli | Heike Lemberger
978-3-942772-88-4   **19,99 €**

Abnehmen lernen.
In nur zehn Wochen!
Das intelligente LOGI-Power-Programm
zur dauerhaften Gewichtsreduktion.
Mit diesem Tagebuch werden Sie Ihr
eigener LOGI-Coach!
Heike Lemberger
Franca Mangiameli
978-3-942772-59-4   **15,99 €** ~~18,99 €~~

Das große LOGI-Back- und
Dessertbuch.
Über 100 raffinierte Dessertrezepte,
die Sie niemals für möglich gehalten
hätten. So macht Leben nach LOGI
noch mehr Spaß!
Mit ausführlichem Stevia-Extrakapitel.
Franca Mangiameli | Heike Lemberger
978-3-927372-66-5   **19,95 €**

Das große LOGI-Grillbuch.
120 heiß geliebte Grillrezepte
rund um Gemüse, Fisch und Fleisch.
Ein Fest für LOGI-Freunde.
Heike Lemberger
Franca Mangiameli
978-3-942772-12-9   **15,99 €** ~~18,00 €~~

Das große LOGI-Fischkochbuch.
Köstliche Gerichte mit Fisch und Meeresfrüchten aus heimischen Gewässern und
aus aller Welt.
S. Thiel | A. Fischer
978-3-942772-07-5   **15,99 €** ~~19,99 €~~

Vegetarisch kochen mit
der LOGI-Methode.
LOGI ohne Fisch und Fleisch? Na klar!
80 innovative und kreative LOGI-Veggie-
Rezepte. Wenige Kohlenhydrate – gluten-
frei! Mit vielen veganen Rezeptalternativen.
Susanne Thiel | Dr. Nicolai Worm
978-3-942772-89-1   **19,99 €**

Leicht abnehmen!
Geheimrezept Eiweiß.
Gewicht verlieren mit Eiweiß und
Formula-Mahlzeiten. Und dann:
gesund und schlank auf Dauer mit LOGI.
Dr. Hardy Walle | Dr. Nicolai Worm
978-3-95814-009-7   **19,99 €**

Leicht abnehmen!
Das Rezeptbuch.
Gewicht verlieren mit Eiweiß und Formula-
Mahlzeiten. Und für danach: 70 einfache
und abwechslungsreiche LOGI-Rezepte.
Dr. Hardy Walle
978-3-927372-40-5   **12,95 €**

Eiweiß-Guide.
Tabellen mit über 500 Lebensmitteln
bewertet nach ihrem Eiweißgehalt
und ausgewählten Aminosäuren.
Franca Mangiameli | Heike Lemberger
Dr. Nicolai Worm
978-3-942772-64-8   **9,99 €**

Fett Guide.
Wie viel Fett ist gesund? Welches
Fett wofür? Tabellen mit über 500
Lebensmitteln, bewertet nach ihrem
Fettgehalt und ihrer Fettqualität.
Heike Lemberger | Ulrike Gonder
Dr. Nicolai Worm
978-3-942772-09-9   **7,49 €** ~~9,99 €~~

LOGI-Guide.
Tabellen mit über 500 Lebensmitteln,
bewertet nach ihrem glykämischen Index
und ihrer glykämischen Last.
Franca Mangiameli
Dr. Nicolai Worm | Andra Knauer
978-3-942772-02-0   **6,99 €**

Die LOGI-Kochkarten.
Die besten LOGI-Rezepte.
Einfallsreich, einfach, preiswert.
978-3-942772-54-9   **12,99 €**

Bauch, Beine, Po – das
LOGI-Workout für Frauen. (DVD)
Inklusive ausführlichem Booklet.
M. Maier | Dr. N. Worm
978-3-927372-98-6   **8,99 €** ~~14,95 €~~

#POWERFÜRDICH. (DVD)
Trainiert, schlank & sexy.
Das 12-Wochen-Programm von
Promi-Trainer Cliff.
Clifford Opoku-Afari
978-3-95814-010-3   **14,99 €**

Endlich schlank ohne Diät.
Erfolgreich abnehmen ohne Jo-Jo-Effekt
und Kalorienzählen – nach dem
LOGI-Erfolgsprinzip von Dr. Nicolai Worm.
Anna Cavelius
978-3-942772-10-5   **7,49 €** ~~9,99 €~~

Der LOGI-Muskel-Coach.
Die ultimative Sporternährung für
Muskelaufbau und Ausdauertraining.
Dr. Torsten Albers | Dr. Nicolai Worm
Kirsten Segler
978-3-942772-13-6   **19,99 €**

Mehr vom Sport!
Low-Carb und LOGI in der
Sporternährung.
Unter Mitwirkung zahlreicher
Spitzensportler: Boxweltmeister Felix
Sturm, Schwimmprofi Mark Warnecke,
Leichtathlet Danny Ecker und viele mehr.
Clifford Opoku-Afari | Dr. Nicolai Worm
Heike Lemberger
978-3-927372-41-2   **19,95 €**

LOGI und Low Carb
in der Sporternährung.
Glykämischer Index und glykämische
Last – Einfluss auf Gesundheit
und körperliche Leistungsfähigkeit.
Jan Prinzhausen
978-3-927372-30-6   **24,90 €**

LOGI durch den Tag.
Kombinieren Sie Ihren LOGI-Abnehmplan
aus 50 Frühstücken, 50 Mittagessen
und 50 Abendessen. Maximale Sättigung
mit weniger als 1.600 Kalorien
und 80 Gramm Kohlenhydraten pro Tag!
Franca Mangiameli
978-3-95814-007-3   **24,99 €**

Das LOGI-Menü.
Logisch kombiniert: 50 Vorspeisen,
50 Hauptgerichte, 50 Desserts.
Franca Mangiameli
978-3-95814-006-6   **24,99 €**

LOGI im Alltag, in der Praxis
und in der Klinik.
Andra Knauer
978-3-927372-31-0   **6,99 €** ~~8,99 €~~

Die LOGI-Jubiläumsbox.
10 erfolgreiche, glückliche und schlanke
Jahre mit der LOGI-Methode.
Enthält DIE drei Standardwerke rund um
die LOGI-Methode zum Jubiläumspreis.
 · Glücklich und schlank.
 · Das große LOGI-Kochbuch.
 · Das neue große LOGI-Kochbuch.
Dr. Nicolai Worm | Franca Mangiameli
Heike Lemberger
978-3-927372-28-9   **50,00 €**
(erhältlich solange der Vorrat reicht)

Noch mehr LOGI.
Die LOGI-Fisch-, -Back- und -Grillbox.
Über 400 raffinierte Rezepte.
Die Box beinhaltet:
 · das große LOGI-Fischkochbuch
 · das große LOGI-Grillbuch
 · das große LOGI-Back- und -Dessertbuch
Heike Lemberger | Franca Mangiameli
Susanne Thiel | Anna Fischer
978-3-942772-48-8   **45,00 €**
(erhältlich solange der Vorrat reicht)

Syndrom X oder
Ein Mammut auf den Teller!
Mit Steinzeitdiät aus der Wohlstandsfalle.
Dr. Nicolai Worm
978-3-927372-23-8   **19,90 €**

Heilkraft D.
Wie das Sonnenvitamin vor Herz-
infarkt, Krebs und anderen Zivilisations-
krankheiten schützt.
Dr. Nicolai Worm
978-3-927372-47-4   **15,95 €**

Die Schlafmangel-Fett-Falle.
. . . wie Sie trotzdem gesund und schlank
bleiben.
Dr. Nicolai Worm
978-3-927372-94-8   **4,99 €** ~~14,95 €~~

Das Fastenbuch.
Die besten Fastenkuren für jeden Typ.
Anna Cavelius
978-3-927372-85-6   **19,99 €**

Campus Food.
Vegane Studentenküche.
Anne Bühring | Kurt-Michael Westermann
978-3-942772-21-1   **12,00 €**

Die LOGI-Akademie.
LOGI lehren – LOGI verstehen.
Ein Leitfaden zur Patientenschulung
und zum Selbststudium.
Franca Mangiameli
978-3-927372-59-7   **34,99 €** ~~48,00 €~~

*Seit Juli 2014
erscheinen unsere
beliebten LOGI-
Kochbücher in
der praktischen
verdeckten
Spiralbindung.

systemed Küchenratgeber

Low-Carb – Low-Budget.
Kohlenhydratbilanzierte Küche
für den kleinen Geldbeutel.
Wolfgang Link | Dr. med. Jürgen Voll
978-3-942772-65-5 **7,99 €**

Low-Carb für Sportler.
30 kohlenhydratreduzierte Gerichte für
den Sportler.
Wolfgang Link | Dr. med. Jürgen Voll
978-3-942772-91-4 **7,99 €**

 NEU

Low-Carb kalte Küche.
40 kohlenhydratarme Rezepte
ohne zu kochen.
Manuela Oehninger Suter
978-3-95814-021-9 **7,99 €**

Low-Carb unterwegs.
40 Rezepte für die Reise und zum
Mitnehmen.
Franca Mangiameli | Heike Lemberger
978-3-942772-66-2 **7,99 €**

Low-Carb-Desserts.
40 Desserts mit wenig Kohlenhydraten.
Wolfgang Link
978-3-942772-95-2 **7,99 €**

Low-Carb-Aufläufe. NEU
40 kohlenhydratarme Rezepte aus dem
Ofen & Wissenswertes zu Auflaufformen.
Wolfgang Link
978-3-95814-022-6 **7,99 €**

Low-Carb vegan.
40 Rezepte ohne tierische Lebensmittel.
Franca Mangiameli | Heike Lemberger
978-3-942772-68-6 **7,99 €**

Low-Carb-Pfannengerichte.
40 Rezepte für die schnelle Pfanne mit
wenig Kohlenhydraten.
Wolfgang Link
978-3-942772-93-8 **7,99 €**

Low-Carb-Backen für den Alltag. NEU
22 kohlenhydratarme, einfache und 100%
funktionierende Rezepte für Kuchen und Kekse.
Beate Strecker
978-3-95814-033-2 **7,99 €**

Low-Carb in 15 Minuten.
40 »leichte« Schnellrezepte zum Genießen.
Wolfgang Link
978-3-942772-75-4 **7,99 €**

**Low-Carb bei Nahrungsmittel-
unverträglichkeit.**
30 Rezepte bei Laktoseintoleranz/
Fruktoseintoleranz/Zöliakie.
W. Link | Dr. med. J. Voll
978-3-942772-74-7 ~~7,99 €~~ **4,99 €**

Low-Carb für den Hund. NEU
Artgerechte Hundeernährung mit wenig
Kohlenhydraten – Wissen, Tipps und Rezepte.
Ursula Bien
978-3-95814-011-0 **7,99 €**

Low-Carb-Powerwoche.
In 7 Tagen Vitalität gewinnen und
Gewicht verlieren.
Wolfgang Link | Dr. med. Jürgen Voll
978-3-942772-87-7 **7,99 €**

Low-Carb vegetarisch. NEU
40 vegetarische Rezepte
ohne Fisch und Fleisch.
Wolfgang Link
978-3-95814-005-9 **7,99 €**

**Low-Carb in der
Schwangerschaft.**
Gesundheit mit wenig Kohlenhydraten
für Mutter und Baby.
Annett Schmittendorf
978-3-942772-72-3 **7,99 €**

Low-Carb-Suppen. NEU
40 Suppen und Eintöpfe zum einfachen
Nachkochen.
Manuela Oehninger Suter
978-3-95814-004-2 **7,99 €**

Ketogene Ernährung

**Krebszellen lieben Zucker –
Patienten brauchen Fett.**
Gezielt essen für mehr Kraft und
Lebensqualität bei Krebserkrankungen.
Prof. Ulrike Kämmerer
Dr. Christina Schlatterer | Dr. Gerd Knoll
978-3-927372-90-0 **24,99 €**

Stopp Alzheimer!
Wie Demenz vermieden und behandelt
werden kann.
Dr. Bruce Fife
978-3-942772-86-0 ~~24,99 €~~ **20,00 €**

Das Beste aus der Kokosnuss.
Natives Bio-Kokosöl und Bio-Kokosmehl.
Ulrike Gonder
978-3-942772-56-3 **4,99 €**

Ketogene Ernährung bei Krebs.
Die besten Lebensmittel bei
Tumorerkrankungen.
Prof. Ulrike Kämmerer
Dr. Christina Schlatterer | Dr. Gerd Knoll
978-3-942772-43-3 **14,99 €**

**Stopp Alzheimer!
Praxisbuch.**
Wie Demenz vermieden und behandelt
werden kann. Mit zahlreichen Rezepten,
Mental-Test sowie Warenkunde und
Kohlenhydrattabellen.
Dr. Bruce Fife
978-3-942772-27-3 **12,99 €**

Kokosöl (nicht nur) fürs Hirn!
Wie das Fett der Kokosnuss helfen kann,
gesund zu bleiben und das Gehirn
vor Alzheimer und anderen Schäden zu
schützen.
Ulrike Gonder
978-3-942772-38-9 **5,99 €**

**KetoKüche für Einsteiger:
Rezepte & Kraftshakes.**
50 ketogene Rezepte, die schmecken.
Dorothee Stuth | Ulrike Gonder
978-3-942772-42-6 **14,99 €**

Positives über Fette und Öle.
Warum gute Fette und Öle so wichtig für
uns sind.
Ulrike Gonder
978-3-942772-57-0 **4,99 €**
Alle 3 Bücher im Paket
978-3-942772-55-6 **12,00 €**

KetoKüche zum Genießen.
Mit gesunden Gewürzen und Kokosnuss.
Über 100 ketogene Rezepte für Genießer.
Bettina Matthaei | Ulrike Gonder
978-3-942772-44-0 **19,99 €**

KetoKüche kennenlernen.
Die ketogene Ernährung in Theorie
und Praxis.
Ulrike Gonder | Anja Leitz
978-3-942772-80-8 **7,99 €**

Das angesagte,
neue Ernährungs-
thema im
systemed Verlag:
Gezielt essen bei
Krebserkrankungen,
Alzheimer und
Demenz mit keto-
gener Ernährung.

 NEU

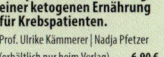

KetoKüche mediterran.
90 kohlenhydratarme Gerichte rund um
das Mittelmeer.
Bettina Matthaei
978-3-95814-044-8 **19,99 €**

**Praxisbroschüre
Rezepte zur Unterstützung
einer ketogenen Ernährung
für Krebspatienten.**
Prof. Ulrike Kämmerer | Nadja Pfetzer
(erhältlich nur beim Verlag) **6,90 €**

systemed
verlag

Pur – weiß – tödlich.
Warum der Zucker uns umbringt – und wie wir das verhindern können.
Prof. John Yudkin | Prof. Robert Lustig
978-3-942772-41-9   **14,99 €**

Das Myoreflexkonzept.
Schmerzfrei im aktiven Muskeln.
Dr. med. E. Jörg | P. Kensok
978-3-942772-49-5   **13,99 €** ~~19,99 €~~

Mehr Fett!
Warum wir mehr Fett brauchen, um gesund und schlank zu sein.
U. Gonder | Dr. N. Worm
978-3-927372-54-2   **13,99 €** ~~19,95 €~~

Ethisch Essen mit Fleisch.
Eine Streitschrift über nachhaltige und ethische Ernährung mit Fleisch und die Missverständnisse und Risiken einer streng vegetarischen und veganen Lebensweise.
Lierre Keith | Ulrike Gonder
978-3-927372-87-0   **14,99 €**

Köstlich kochen mit Tee.
Einfache und inspirierende Rezepte.
Tanja Bischof | Harry Bischof **4,99 €** ~~9,95 €~~
978-3-942772-76-1

Der Paleo-Code.
Das Steinzeit-Programm.
Romy Dollé
978-3-927372-86-3   **19,99 €**

Kräuter & Gewürze als Medizin.
Gesund und schlank mit Vitalkräften aus der Apotheke der Natur.
Klaus Oberbeil
978-3-942772-92-1   **15,00 €** ~~19,95 €~~

JETZT ALS PAPERBACK

Gesund durch Stress!
Wer reizvoll lebt, bleibt länger jung!
Hans-Jürgen Richter
Dr. Peter Heilmeyer
978-3-927372-42-9   **4,99 €** ~~19,95 €~~

Menschenstopfleber.
Die verharmloste Volkskrankheit Fettleber.
Dr. Nicolai Worm
978-3-927372-78-8   **19,99 €**

Gute Kohlenhyrate – schlechte Kohlenhydrate.
Pfunde verlieren und Energie tanken.
Barbara Plaschka | Petra Linné
978-3-927372-81-8   **12,95 €**

Schwer verdaulich.
Wie uns die Ernährungsindustrie mästet und krank macht.
Pierre Weill
978-3-942772-40-2   **12,95 €**

NEU

Paleo-Guide.
Fakten und Tabellen zur Steinzeit-Diät. Die wichtigsten Lebensmittel und Nährstoffe.
Susanne Bader
978-3-95814-036-3   **7,99 €**

Fit mit 100.
Jung bleiben, länger leben.
- Ein Leben lang schlank & glücklich.
- Programme für Körper und Seele.
- 100 wertvolle Ernährungstipps.
Klaus Oberbeil
978-3-927372-93-1   **14,99 €**

Ich habe so lange auf Dich gewartet!
Der lange Weg durch die Kinderwunsch-therapie. Ein Tagebuch – ärztlich kommentiert und ergänzt – über Hoffnungen, Misserfolge, Wegbegleiter und das Wunschkind.
Prof. M. Ludwig | Maileen L.
978-3-942772-11-2   **9,59 €** ~~15,99 €~~

BEST-SELLER

Volkskrankheit Fettleber.
Verkannt – verharmlost – heilbar.
Dr. Nicolai Worm | Kirsten Segler
978-3-942772-78-5   **16,99 €**

**66 Ernährungsfallen
… und wie sie mit Low-Carb zu vermeiden sind.**
- in typischen Alltagssituationen
- für Büro und Freizeit
- mit Einkaufsführer im Supermarkt
- mit ausführlichem Restaurant-Guide
Barbara Plaschka | Petra Linné
978-3-927372-55-9   **15,95 €**

Das Kohlenhydratkartell.
Über die Diätkatastrophe, die finstren Machenschaften der Zuckerlobby und Wege aus dem Diätendschungel.
Clifford Opoku-Afari
978-3-942772-39-6   **12,95 €**

NEU

Früchtewampe.
Warum Obst und Gemüse dick machen!
Romy Dollé
978-3-942772-83-9   **19,99 €**

Warum Fische nie dick werden.
Jung & schlank mit Meeresfrüchten, Omega-3-Fettsäuren, Algen und Jod.
Klaus Oberbeil | Patrick Coudert
978-3-942772-71-6   **9,99 €**

BEST-SELLER

Stopp Diabetes!
Raus aus der Insulinfalle dank der LOGI-Methode.
Katja Richert | Ulrike Gonder
978-3-927372-56-6   **16,95 €**

NEU

Entscheidend ist auf'm Teller!
Das BVB-Prinzip für optimale Fitness und maximale Energie.
Frank Flügge | Jola Jaromin-Bowe
978-3-95814-040-0   **19,99 €**

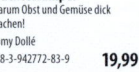

Iss einfach gut.
Das Prinzip Nahrungskette – einfach und pragmatisch erklärt vom Koch der Deutschen Fußballnationalmannschaft.
In Hardcover-Luxusausführung mit Moleskine Gummi und Saisonkalender als DIN-A3-Poster
Holger Stromberg
978-3-942772-50-1   **14,99 €** ~~19,99 €~~

Yes, I can!
Erfolgreich schlank in 365 Schritten.
Dr. Ilona Bürgel
978-3-927372-51-1   **4,99 €** ~~15,00 €~~

Der Gen-Code.
Das Geheimnis der Epigenetik – wie wir mit Ernährung und Bewegung unsere Gene positiv beeinflussen können.
Dr. Ulrich Strunz
978-3-942772-01-3   **14,99 €**

**Low-Carb für Männer.
Ein Mann – (k)ein Bauch.**
Jetzt noch übersichtlicher – mit komplett überarbeiteter Kohlenhydrattabelle zum Nachschlagen.
Barbara Plaschka | Petra Linné
978-3-942772-52-5   **15,99 €**

Natürlich verhüten ohne Pille.
Welche Methode ist die beste?
Alle sicheren Alternativen. Was tun bei Kinderwunsch? Wie man die natürlichen Techniken rasch und sicher erlernt.
Anita Heßmann-Kosaris
978-3-927372-63-4   **8,99 €** ~~14,95 €~~

Stopp Diabetes! Praxisbuch.
Ernährungs- und Bewegungspläne. LOGI-Methode.
Ein besseres Leben mit Diabetes.
Katja Richert
978-3-942772-08-2   **16,99 €**

Die letzte Reise.
Eine Reise über deutsche Friedhöfe von Sylt bis Konstanz.
Clemens Menne
978-3-927372-76-4   **20,00 €** ~~24,00 €~~

Homöopathie – sanfte Heilkunst für Babys und Kinder.
Homöopathische Behandlung im Alltag.
Angelika Szymczak
978-3-927372-49-8   **5,99 €** ~~19,95 €~~

Allergien vorbeugen.
Schwangerschaft und Säuglingsalter sind entscheidend!
Dr. I. Reese | Chr. Schäfer
978-3-927372-50-4   **9,99 €** ~~14,95 €~~

Bestellen Sie direkt beim Verlag. Versandkostenfreie Lieferung.
Alle bereits erschienenen Bücher sind sofort lieferbar.
Mehr Infos zum Programm, zu den Autoren und zu weiteren Neuerscheinungen finden Sie auf www.systemed.de.

Yoga & Achtsamkeit

Das Hatha Yoga Praxisbuch.
Für Einsteiger und Fortgeschrittene.
Marcel Anders-Hoepgen
978-3-95814-035-6 **29,99 €**

Sampoorna Hatha Yoga Stunde. (DVD)
Stufe 1
Marcel Anders-Hoepgen
978-3-927372-64-1 **17,95 €**

Sampoorna Hatha Yoga Stunde. (CD)
Stufe 1
Marcel Anders-Hoepgen
978-3-927372-65-8 **9,79 €** ~~14,95 €~~

Sampoorna Hatha Yoga Stunde. (DVD)
Leichte Mittelstufe
Schwerpunkt: Dehnung der Hüften
Marcel Anders-Hoepgen
978-3-942772-04-4 **17,95 €**

Hatha Yoga Stunde. (DVD)
Leichte Mittelstufe
Schwerpunkt: Kraftaufbau
Marcel Anders-Hoepgen
978-3-927372-84-9 **17,99 €**

Hebammen Yoga.
Übungen zur Geburtsvorbereitung
und Rückbildung. Inkl. Mantra-Audio-CD.
Marcel Anders-Hoepgen
978-3-927372-99-3 **5,99 €** ~~19,99 €~~

Hebammen Yoga. (Doppel-DVD)
Übungen zur Geburtsvorbereitung und
Rückbildung.
Marcel Anders-Hoepgen
978-3-942772-03-7 **16,95 €**

Yoga von Kopf bis Fuß.
5-Minuten-Übungen aus
dem Sampoorna Hatha Yoga.
Die Box beinhaltet:
· Augenentspannung (CD)
· Gleichgewicht (CD)
· Oberen Rücken stärken (CD)
· Unteren Rücken stärken (CD)
· Bauchmuskulatur stärken (CD)
Marcel Anders-Hoepgen **15,00 €**
978-3-942772-45-7 ~~30,00 €~~
(erhältlich solange der Vorrat reicht)

Nada-Yoga-Musik-Reihe.
Marcel Anders-Hoepgen
Eternal OM (CD)
978-3-942772-16-7 **9,99 €**
Shanti (CD)
978-3-942772-29-7 **9,99 €**
Runterkommen (CD)
978-3-942772-17-4 **9,99 €**
Gelassenheit (CD)
978-3-942772-15-0 **9,99 €**

Besser schlafen. (CD)
Entspannung für die Nacht.
978-3-942772-25-9 **9,99 €**
Gut schlafen. (CD)
Entspannung für die Nacht.
978-3-927372-62-7 **9,95 €**
Kraft tanken. (CD)
Entspannung für den Tag.
978-3-927372-61-0 **7,99 €**

Marcel Anders-Hoepgen
Augenentspannung (CD)
978-3-927372-71-9 **8,95 €**
Gleichgewicht (CD)
978-3-927372-72-6 **8,95 €**
Oberen Rücken stärken (CD)
978-3-927372-73-3 **8,95 €**
Unteren Rücken stärken (CD)
978-3-927372-74-0 **8,95 €**
Bauchmuskulatur stärken (CD)
978-3-927372-75-7 **8,95 €**

Die Yogi-Methode.
30-Tage-Challenge zur achtsamen
Ernährung.
Vegan – ayurvedisch – yogisch.
Marcel Anders-Hoepgen
978-3-942772-69-3 **19,99 €**

Yoga: Jeden Tag neu!
Über 100.000 mögliche Kombinationen
für Übungseinheiten à 5 bis 10 Minuten.
Marcel Anders-Hoepgen
978-3-927372-69-6 **13,99 €** ~~20,00 €~~

Sonnengruß, Teil 1. (DVD + CD)
Das perfekte Workout.
Marcel Anders-Hoepgen
978-3-942772-77-1 **9,99 €** ~~16,95 €~~

Sonnengruß, Teil 2. (DVD + CD)
Der perfekte Stressabbau.
Marcel Anders-Hoepgen
978-3-942772-97-9 **9,99 €** ~~16,95 €~~

Rücken for fit.
Das 30-Tage-Programm für einen schmerz-
freien Rücken in nur fünf Minuten pro Tag.
Inklusive Übungs-DVD.
Marcel Anders-Hoepgen
978-3-942772-53-2 **14,99 €** ~~19,99 €~~

Anti-Stress-Yoga.
Kartenbox mit 18 Rezepten und 56 Asanas.
Petra Orzech
978-3-942772-85-3 **14,99 €**

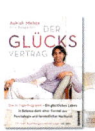

Der Glücksvertrag
Das 21-Tage-Programm. Ein glückliches
Leben in Balance dank einer Formel aus
Psychologie und fernöstlicher Heilkunst.
Inklusive DVD.
A. Mehta | G. Brüggemann **5,99 €**
978-3-942772-14-3 ~~19,99 €~~

Mut zur Trennung.
Plädoyer für eine mutige und
produktive Entscheidung – Kinder
brauchen Aufrichtigkeit.
Jutta Martha Beiner
978-3-942772-47-1 **9,59 €** ~~19,99 €~~

Yoga X-Large.
Auch Dicke können Yoga machen!
Yoga- und Bewusstheitsübungen für
Menschen mit Plus-Size-Körpern.
Birgit Feliz Carrasco
978-3-942772-77-8 **17,99 €**

Die Anti-Stress-Ernährung.
Die LOGI-Methode zur Stressbewältigung.
Mehr Power für die Körperzellen.
Uschi Eichinger | Kyra Hoffmann
978-3-942772-67-9 **19,99 €**

Schlank durch Achtsamkeit.
Durch inneres Gleichgewicht
zum Idealgewicht.
Ronald Pierre Schweppe
978-3-942772-90-7 **14,99 €**

Achtsam abnehmen.
33 Methoden für jeden Tag.
Ronald Pierre Schweppe
978-3-942772-99-0 **12,99 €**

Warum Stress dick macht
... und warum wir entspannt
schneller abnehmen.
Ronald Pierre Schweppe **9,75 €**
978-3-942772-51-8 ~~12,99 €~~

Der Burnout-Irrtum
Ausgebrannt durch Vitalstoffmangel –
Burnout fängt in der Körperzelle an!
Das Präventionsprogramm mit
Praxistipps und Fallbeispielen.
Uschi Eichinger | Kyra Hoffmann
978-3-942772-06-8 **19,99 €**

Die Anti-Stress-Ernährung.
Die LOGI-Methode für Stressbewältigung.
Mehr Power für die Körperzellen.
Uschi Eichinger | Kyra Hoffmann
978-3-942772-67-9 **19,99 €**

NEU

Glückliche Kinder.
Erziehung in Liebe und Achtsamkeit.
Aus der Reihe »mitGefühl«
Ronald Pierre Schweppe
978-3-95814-000-4 **7,99 €**

NEU

Starke Partner.
Beziehung in Liebe und Achtsamkeit.
Aus der Reihe »mitGefühl«
Aljoscha Long
978-3-95814-001-1 **7,99 €**

NEU

Dauerhaft schlank.
Ernährung mit Liebe und Achtsamkeit.
Aus der Reihe »mitGefühl«
Dr. Julia Bollwein
978-3-95814-002-8 **7,99 €**

NEU

Selbstheilung.
Gesundheit durch Liebe und Achtsamkeit.
Aus der Reihe »mitGefühl«
Fei Long
978-3-95814-003-5 **7,99 €**

systemed Verlag
Kastanienstraße 10
D-44534 Lünen
Telefon 02306 63934
Telefax 02306 61460
www.systemed.de
faltin@systemed.de

systemed verlag

Impressum

Die Marke LOGI sowie die LOGI-Methode sind für die Systemed GmbH, 44534 Lünen, geschützt.

Für diesen Ratgeber wurden beispielhaft Produkte der Firma Zenker Backformen GmbH & Co. KG verwendet und empfohlen.

Redaktion:	systemed Verlag, Lünen
	systemed GmbH, Kastanienstr. 10, 44534 Lünen
Lektorat:	Susanne Bader, Weißach
Fotografie:	Studio Reiner Schmitz, München
Foodstyling:	Marcel Sumpf, München
Umschlaggestaltung:	Hauptmann & Kompanie Werbeagentur, Zürich
Satz:	A flock of sheep, Lübeck
Druck:	Druckerei Uhl, Radolfzell
ISBN:	978–3-95814–022–6

1. Auflage